목회 매뉴얼
있 습 니 까 ?

목회 매뉴얼로 건강한 교회를 세우고 있는 하나엘 교회 이야기

목회 매뉴얼 있습니까?
Do you have a Pastoral Manual?

김형철 지음

목차

프롤로그 006
추천사 010

목회 매뉴얼의 필요성

지금은 개척이 안 되는 시기이다 020
시행착오를 겪고 있는 목회 026
목회 매뉴얼이 왜 필요한가? 030
성경도 목회 매뉴얼을 강조하고 있는가? 035
목회 매뉴얼은 영양사의 식단과 같은 것이다 037
목회 매뉴얼이 가져다주는 혜택은 무엇인가? 043

목회 매뉴얼에 대한 이론적 근거

교회의 핵심가치를 알아야 한다 050
목회 매뉴얼은 성경을 통하여 만들어져야 한다 059
건강한 교회가 목회 매뉴얼의 기준이 되어야 한다 067

하나엘 교회의 목회 매뉴얼

목회 초창기의 어려움 088
하나엘 교회 목회 설계도 096
목회 매뉴얼 도식화 101
만든 매뉴얼대로 이렇게 실천해 봤어요 110

목회 매뉴얼 만들기

목회규모에 맞는 매뉴얼 만들기 124
개척 교회의 매뉴얼 127
매뉴얼을 시행해 가면서 놓치지 말아야 할 것이 있어요 129
목회 매뉴얼 만들어보니 교회가 이렇게 달라졌어요 132
하나엘 교회의 1년 사역은 이렇게 진행 된다 133
하나엘 교회에 불신자가 들어오면? 141
목회 매뉴얼의 유익 147
목사와 성도가 행복한 교회 150

교회에서 시행한 전도 매뉴얼

하나엘 교회 주의 장막비전 전도 매뉴얼 156
새생명축제 전도 설교 164

에필로그 202

프롤로그

목회 매뉴얼이라는 말 자체가 목회를 세상적으로 만드는 것 같습니다. 단언컨대 목회 매뉴얼이 목회의 본질은 아닙니다. 그러나 목회 매뉴얼은 목회를 성숙하게 하고, 행복하게 하고, 열매를 맺게 하는 선한 도구가 될 수 있음을 자신 있게 말씀드릴 수 있습니다.

제가 어렵게 결정하여 이 책을 쓰게 된 동기는 수년 전 목회 매뉴얼이라는 주제로 목회자 세미나에서 강의를 했던 적이 있습니다. 그때 참석한 목사님 부부로부터 이런 이야기를 들었기 때문입니다.

"목사님, 내가 확신하고 시행할 수 있는 나만의 목회 매뉴얼을 만들어서 목회하는 것이 중요하다는 강의 포인트를 제가 수십 년 전 개척목회를 할 때 알았다면 그렇게 많은 시행착오를 하지 않았을 것입니다. 열심히 목회자 세미나를 찾아가서 배운 것을 그때그때 곧바로 적용했지만 역부족이었습니다. 그래서 본의 아니게 교회를 여러 군데 옮겨서 목회를 하였는데 지금 현재의 목회는 너무 행복합니다. 이유는 몇 년 전부터 목회 매뉴얼의 필요성을 알고 단순하지만 내가 확신하고 시행할 수 있는 목회 매뉴얼을 만들어 목회를 하고 있기 때문입니다. 이전의 저처럼 목회의 어려움을 겪고 있는 목사님들을 위하여 목사님의 강의내용이 담긴 목회 매뉴얼이 책으로 나왔으면 좋겠습니다."

그분의 말에 내가 공감할 수밖에 없었던 이유는 저도 같은 경험을 했기 때문입니다. 개척초기에 일관성 있는 목회철학과 원리가 없었기에 몇몇 핵심 성도가 교회를 적응하지 못하고 떠나고, 성도들의 갈등과 방황 때문에 고민할 때는 정말 목회가 괴로웠습니다. 목회 초기의 시행착오 중 가장 큰 것은 교회와 성도들에게 구체적이고 분명한 목회 비전과 방향을 제시하지 못하고 주먹구구식의 즉흥적인 목회를 했다는 것입니다. 지도자부터 분명한 방향 없이 목회를 하니 성도들이 우왕좌왕하며 불안해 하는 것은 당연했습니다. 저는 교회의 성장과 성숙을 기대하기는커녕 문제를 수습하는데 목회적 에너지를 쏟아야만 했습니다.

다급한 마음으로 이곳저곳 목회 세미나를 찾아다니면서 급조하여 얻어낸 목회방법을 시행한 결과는 오히려 혼란만 가중시켰습니다. 이렇게 뼈아픈 시행착오를 거쳐 저는 자신만의 목회 매뉴얼을 설정하여 교회와 목회철학을 성도들과 공유하며 분명한 방향제시를 하는 것이 얼마나 중요한지 깨닫게 되었습니다. 나중에 이 사실을 깨달은 저는 성경적 교회관에 입각한 목회 매뉴얼을 만들었고 지난 십수 년 간 그대로 시행하고자 노력하였습니다.

　교회의 필요에 따라 '주의 장막비전' 목회철학과 매뉴얼을 개발하여 교회에 제시하고 성도들과 공유하였더니 점차 처음의 시행착오가 바로 잡히기 시작했습니다. 그 결과로 건강한 교회 성장과 행복한 목회의 열매를 거두게 되었습니다. 이에 '주의 장막비전'이라는 목회 매뉴얼을 통하여 이룬 교회성장과 목회 현장경험을 나누고자 글을 담았습니다.

　이제 목회를 어떻게 시행해 나갈 것인가를 그때마다 고민하며 받게 되는 스트레스를 조금이라도 더는데 이 글이 도움이 되기를 소망합니다.

　자동차 운전을 안내할 목적으로 만들어진 내비게이션은 저같이 길눈이 어두운 자에게는 너무나 고마운 길 도우미입니다. 신학적 토대와 목회철학에 의하여 내가 확신하고 시행할 수 있는 범위 내에서 만들어진 목회 매뉴얼은 건강한 교회를 이끄는 목회 네비게이션의 역할을 분명히 하게 될 것임을 확신합니다.

"목회 매뉴얼이 있고 없고가 목회의 본질은 아니다.
그러나 목회를 성숙하게 하여 열매를 맺게 하는 선한 도구임에는 틀림없다."

추천사

안희묵
前)기독교한국침례회 총회장, 꿈의교회 대표 목사

    현대 사회 속에서 교회를 개척하고 세워나가는 목회사역은 다양한 요구와 필요를 충족시켜야 하는 숙제를 가지고 있습니다. 많은 목회자가 어떤 방향성으로 목회를 어떻게 구체적으로 펼쳐나가야 하는지에 대한 많은 고민을 갖고 있습니다. 이런 고민과 어려움을 시원하게 해결해 줄 책이 나왔습니다. 이 책은 목회의 본질을 말하려고 하는 것이 아니라 목회의 본질을 담는 그릇을 소개합니다. 많은 것을 갖추었는데도 본질을 담는 그릇이 준비되지 못하여 목회에 어려움을 당하는 목사님들이 의외로 많다는 저자의 주장에 전적으로 동감합니다.

    교회와 목회를 사랑하고 건강한 교회성장에 대한 열정을 가지고 있는 김형철 목사님이 지금까지 교회를 개척하고 성장시키면서 경험했던 모든 Know-how들을 통해서 한국교회와 목회자들에게 도움이 되는 귀한 책을 출간하게 되었다는 소식에 너무 기뻤습니다. 복잡 다양한 목회 현장에서 목회자들이 성경에 근거한 교회목적과 사역목적에 따른 매뉴얼을 만들어 체계적이고 구체적인 목회를 실천해 간다면 시행착오를 줄이고 재미있고 행복한 목회를 할 수 있을 것입니다. 선한 목회의 열매들을 많이 맺어 가는 데 크게 기여할 책이 될 것을 확신합니다.

피영민
한국침례신학대학교 총장

  김형철 목사님은 강남중앙침례교회에서 8년간 김충기 목사님을 잘 보필하다가 하나님의 섭리 가운데 용인 신도시에서 개척하여 교회를 성장시켜 아름다운 예배당을 건축했습니다. 무엇보다 그는 건강하고 모범적인 교회를 이루었습니다. 바쁜 목회 일상 속에서도 미국 사우스웨스턴신학교의 목회학 박사과정을 공부하면서, 특별히 '목회 매뉴얼'의 필요성에 관한 논문을 작성하여 학위를 받았습니다.

  미국의 경우는 여러 종류의 목회 매뉴얼이 출간되어 목회자에게 도움을 주고 있습니다. 그런데 한국은 그렇지 않아 저 또한 이와 같은 부류의 책자의 필요성을 느끼고 있었습니다. 김형철 목사님의 책이 개척을 하고자 하는 목회자들에게 특별히 큰 도움이 되리라 확신합니다.

  목회자들은 목회의 큰 그림을 그리고, 그 그림을 실현하는 사람들입니다. 단순한 교회 성장이 아니라, 건강한 교회를 이루는 교회 성장을 이룰 수 있는 경험적 진리가 이 책에 담겨있습니다. 하나엘 교회의 부흥을 이룬 원리가 이 책을 읽는 모든 목회자들에게 잘 적용되어 교회마다 큰 부흥의 열매 맺기를 기원합니다.

신인철
한국침례신학대학교 신학과 교수

'목회는 왕도가 없다'는 말이 있습니다. 목회를 처음 시작하는 목회자나 이제 목회 은퇴를 앞둔 목회자나 목회에 대한 자신감이 없기는 매한가지입니다. 일전에 비행기에서 교단의 훌륭한 목회를 마무리한 목사님을 만난 적이 있습니다. 그분에게 목회가 무엇인지를 물었었습니다. 그러자 그분은 "나도 목회를 잘 모를 뿐 아니라 평생을 고뇌하는 목회자의 길을 걸었다"고 답변을 하셨습니다. 그리고 목사님은 "수없이 많은 시행착오를 거치면서 목회를 했다"고 고백하셨습니다. 또한, 그 목사님은 "마지막으로 다시 목회할 기회가 주어진다면 가장 하고 싶은 것은 계획성 있는 목회"라는 말로 대화를 마치셨습니다.

사실 목회를 어떻게 해야 한다는 명확한 답은 없습니다. 그래서 많은 사람은 목회에 대한 나름의 계획과 목표를 세웁니다. 그러나 대부분의 목회 계획서는 교회를 숫자상으로 부흥시키려는 목적을 따라 작성된 것으로 보입니다. 늘어난 교인 수가 교회 성장을 나타내는 지표 역할을 하고, 이것을 성공적인 목회고 좋은 교회라는 단어로 포장하여 목회자들은 그런 교회의 목회를 모방하고 따라 하는 경향이 있습니다. 그러다 보니 시대마다 모든 교회의 목회 방향이 동일한 아이러니한 현상이 나타나기도 합니다. 제자 훈련이 잘되면 모든 교회가 제자 훈련에 매진하고, 셀 교회가 좋다는 말이 퍼지면 모든 교회가 셀 교회로 목회 방향을 선회하기도 합니다. 그러나 각 개인이 자신만의 독특한 영적 특성이 있듯이 교회도 저마다 독특한 특성이 있습니다. 자신의 영적 특성과 목회 현장의 특성을 잘 살려서 목회할 수 있는 길을 찾아야 할 것입니다.

목회자의 목회 철학을 기초로 한 목회 매뉴얼이 절실히 필요한 한국 교회에 이번에 김형철 목사님을 통해 목회 매뉴얼 전문 서적이 출판되어서 너무 감사합니다. 저자가 개척 목회를 시작하면서부터 경험한 실수와 즉흥적인 목회로 나타난 문제점을 해결하려는 목적에서 집필한 본서는, 계획적인 목회 계획과 모든 성도가 함께 공유할 수 있는 목회 매뉴얼을 제시하고 있습니다. 본서는 개 교회에서 일반적으로 발생하는 갈등과 불필요한 시행착오를 확실히 개선해 줄 확실한 목회 매뉴얼을 담고 있습니다.

서부 유럽에서 만나 친구로 지낸 개신교 교단의 총무가 늘 교단 매뉴얼 북을 들고 다니면서 교단 일을 처리하는 것을 보았습니다. 이제 우리 목회자들도 이 책을 통해 자신의 목회 철학에 적합한 매뉴얼을 만들고 적용하여 행복한 목회를 지향하기를 소망합니다.

정승룡
리치몬드침례교회 담임목사

　김형철 목사님의 목회 매뉴얼을 읽으면서 참 감사했습니다. 왜냐하면 "목회 매뉴얼은 목회의 본질이 아닙니다"라고 처음부터 선언했기 때문입니다. 목회는 교회의 주인 되시는 예수님께서 마에스트로가 되셔서 목사와 성도들의 삶을 연주하시면서 만들어 내는 아름다운 교향곡과도 같은 것입니다. 예수님 자신이 참 목자가 되어 당신의 몸 된 교회를 목양해 가십니다. 그럼에도 불구하고 예수님의 목회를 담아내는 담임 목사의 목회 철학과 그 철학을 현장화하는 매뉴얼이 필요합니다. 그런 의미에서 김형철 목사님의 책은 목회를 시작하는 목사님이나 선교 현장에서 교회를 세우고 섬기시는 선교사님들에게 큰 도움이 됩니다. 목회 현장에서 예수님이 목회의 주인공으로 드러나는 멋진 목회를 준비하는 분들에게 기쁨으로 추천합니다.

김인허
사우스웨스턴침례신학대학원 조직신학 교수

　시불기인(詩不其人)이라는 말이 있습니다. 이 말의 문자적 의미는 시로서 그 사람을 알 수 없다는 말로, 글의 내용과 아름다움이 저자의 인격과 삶에 일치 하지 않을 수도 있다는 말이겠지요. 하나님의 진리를 선포하고 가르치는 목회자인 저로서는 가장 두렵고 경계해야하는 말이 바로 이 '시불기인'일 수 있다는 생각을 합니다. 하지만 김형철 목사님의 책은 더도 말고 꼭 그분의 인격과 삶만큼 쓴 책이라는 생각이 듭니다. 이 책의 근간이 되었던 논문을 지도하였던 사람으로 목사님을 옆에서 보고 교제하며 김목사님의 성실성과 교회 중심, 그리고 겸손과 열정이 바로 그가 주장하는 목회 매뉴얼로서 '주의 장막비전'의 토대였음을 알 수 있었습니다.

책으로 써진 김 목사님의 글을 읽으며 그는 이 책을 통해 단지 도움되는 목회적 방법을 주장한 것이 아니라 그의 삶에 대한 자화상이고 사역에 대한 고백이었다는 생각이 들었습니다. 향방 없이 허공에 주먹질을 하는 '그때그때 다른' 지도자로서 교인들을 불안하게 하지 않고, 목회 매뉴얼을 통해 분명한 방향성을 제시하여 교회의 인적, 물적, 시간적 자원의 낭비를 막으려는 김 목사님의 뜻에서 교인들에 대한 사랑을 느낄 수 있었습니다.

하나님은 우리 인생에 청사진을 보여주시지 않고 순간순간 그분을 의지하는 믿음을 원하시지만, 목회자는 성경을 기반으로 교회를 위한 청사진을 제시해야 할 당위성을 잘 알려준 것이 김 목사님 책의 가치입니다. 좀 더 많은 한국의 목회자들께서 김 목사님처럼 주님과 교회를 사랑하는 삶과 사역의 고백을 담은 많은 책들이 출판되었으면 하는 소망을 가져봅니다.

김종포
아름다운교회 원로목사

    7년 전 어느 날 김형철 목사님의 사역지를 방문할 기회가 있었습니다. 아담하고 착하게 생긴 김 목사님은 차분한 외모와는 달리 그 눈에서 별같이 반짝이는 그 무엇이 보였습니다. 범상치 않은 그 무엇을 느꼈다고 할까… 그날 만난 성도님들의 예배드리는 모습과 교회 분위기는 무척 활발하고 즐거워 보였습니다. 조금도 멈출 것 같지 않은 운동성이 느껴지고 끊임없이 달려온 듯한 열기가 느껴졌습니다. 이루어 놓은 결과가 그랬고 지금도 속도를 내는듯한 분위기는 전혀 멈출 것 같지 않아 보였지요. 그래서 목사님에게 "조금 속도를 늦추며 나아가는 목회도 나쁘지 않다"고 말해 주었습니다. 그 뒤에도 종종 들리는 김 목사님의 사역은 새롭게 변화의 발걸음을 내딛고 있는 듯 했습니다. 저의 훈수는 별 의미가 없었고 그 속도는 그분과 그분의 교회에는 일상이며 너무나 자연스런 진행이었습니다.

    즐겁게 달려온 그 수고의 결실로 의미 있는 책이 나왔습니다. 한국교회는 지금 개척도 어렵고 성장도 어려운 깊이 잠든 숲속처럼 조용하기만 합니다. 그런 목회 현장에서 김 목사님은 신선한 목회 매뉴얼을 선보입니다. 평범하여도 능히 성령과 함께하면 돌파구를 찾으며 지치지 않는 사역으로 교회의 건강을 유지할 수 있음을 증명해 보였습니다. 작은 프로그램 하나에서도 철학과 매뉴얼이 작동하는 목회를 줄기차게 지금까지 이끌어 왔습니다. 차분히 그러나 속도감 있게 달려가면서도 탈 없는 성장을 이룬 것은 성령님과 함께 그리고 상식과 기본을 매뉴얼로 적용하는 지혜가 있었기 때문이었습니다.

목회는 듣고 배우는 것이 아니라 보고 배우는 것입니다. 그래서 신학교에서 배운 것은 목회자를 좌절하게 합니다. 1980년대 미국 텍사스 침례교 주총회 소속 목회자가 한해에 170명이 목회를 내려놓았을 때 주총회는 충격을 받고 그 원인과 배경이 무엇인지를 연구했습니다. 그 결과 놀랍게도 공통점은 신학교에서 배운 것을 다 발휘했지만 변화를 보지 못한 한계 때문에 목회를 포기했다는 것입니다. 배웠다고 생각하지만 적용에는 실패했기 때문입니다. 그 배움이 현장에서 어떤 원리를 따라 형성되어 가는지를 보지 못하면 그 배움은 더 이상 꽃을 피우지도 열매를 맺지도 못합니다. 모든 열매는 모진 겨울을 통과할 때만이 아름답습니다. 김 목사님의 책을 읽어보면 그는 열심히 보았고 열심히 엎드렸고 열심히 반복하여 원리를 알아냈다고 느껴집니다. 단순히 카피하는 목회가 아니라 원리를 따라 확신이 있는 매뉴얼을 발견하고 그 위에 사역을 올려놓았기에 이제 많은 동역자에게 용기를 주게 된 것입니다. 이 책은 변화를 모색하고 실패를 벗어나기를 원하는 목회자에게 멘토 목회자의 역할을 하게 될 것입니다. 먼저 달려간 지혜를 저자에게서 쉽고 깊게 배우게 될 것을 확신하며 이 책을 추천합니다!

"교회의 형태는 그 기능으로부터 결정되어야 한다는 입장은 비판받아야 한다. 그럼에도 불구하고, 교회의 기능은 매우 중요한 주제이다. 그 이유는 우리 주님께서 교회를 세우신 목적이 단순히 교회의 존재 그 자체에 있지 않았기 때문이다."

manual 1

목회 매뉴얼의 필요성

지금은
개척이 안 되는 시기이다

화성시 연합회 임원을 맡고 있는 목사님으로부터 이런 이야기를 들었다.

"이제는 개척은 어려워요. 5년 전 화성시에 있는 동탄 신도시에 100여 개의 교회가 개척되었는데, 성장하는 교회는 10%도 되지 않아요. 90%의 교회가 생존의 위기를 겪고 있어요. 이제는 개척 시대가 아닌가 봐요."

"지금은 목회하기가 어려운 시기이다"는 말을 자주 듣는다. '이제는 개척시대는 끝났다'고 생각하는 분들이 많다. 개척뿐만 아니라 기존교회도 점점 성장 동력을 잃고 있다. 고속성장으로 목회의 탁월함을 보여

주는 목사님들의 세미나에서 목회 비결을 얻고자 참석을 했지만 별다른 재미를 못 보았다. 세미나에서 주로 얻는 메시지는 대충 이런 것이다.

1. 지금은 어려운 시기이니깐 목회자가 목숨 내놓고 사역해야 교회가 성장한다.
2. 목회자가 특별한 능력을 받아야 한다. 평범해서는 안 된다.
3. 목회자는 시대 변화에 재빠르게 새로운 패러다임으로 목회 승부수를 걸어야 한다.

그런데 목숨을 내놓을 만한 열심도 없고 특별한 능력도 없고 새로운 패러다임의 적용도 없으면 교회성장이 어려운가? 목회자가 주의 종으로 헌신하고 4년 이상의 신학교육을 받고 부교역자 경험을 했고, 또 소명 가운데 개척을 하였거나 목회하고 있으면 그 정도로 충분하지 않는가? 또 무슨 준비가 필요한가? 현재도 최선을 다하고 있는데 또 무슨 특별한 능력을 받아야 하는가? 개인적으로 이런 의구심이 들었다. 세미나가 현실적으로 나의 목회적 상황과는 거리감이 큰 것 같아 위축감만 들었다. 또 어떤 세미나에서는 목회의 본질을 강조하면서 유익한 목회적 대안을 제시하기도 했지만 그 대안을 목회적 현장에 그대로 적용하는 것은 현실적으로 쉽지 않았다.

지금도 나와 같은 고민을 하고 있는 목회자들이 있다면 지금 가지고 있는 것만으로도 목회는 얼마든지 가능하다고 말해주고 싶다. 국민일보를 비롯하여 기독교신문이나 교단신문에서 여전히 "이 세미나에 오기만 하면 우리의 목회가 달라질 수 있다"는 광고가 넘쳐나지만 어떤 경우는 오히려 목회의 발목이 잡힐 수도 있다.

'지구촌 사역 매뉴얼' 서문에서 이동원 목사는 "가장 중요한 것은 사역 방향이고 사역 방향을 결정짓는 것이 사역 철학이다. 그리고 사역 방향 다음으로 중요한 것이 사역 방법이다"라고 하였다. 목회를 하고 있거나 준비하는 목회자들이 사역 방향과 사역 철학이 없는 경우는 많지 않다. 나름대로 자신의 목회철학과 방향을 가지고 있다. 문제는 그 사역 철학과 방향을 시행하는 사역 방법을 구체적으로 준비하지 않고 있다는 것이다. 목회 사역을 어떻게 펼쳐 나갈지에 대한 목회 사역의 시행 숙지는 그 무엇보다 중요하다. 이 목회 사역의 시행에 대한 전략을 갖추고 있으면 얼마든지 어려운 목회적 환경과 조건에서도 목회를 잘 할 수 있다

교회는 생명 공동체이다. 교회의 주인은 주님이시다. 목회는 목회자가 만드는 것이 아니라 그저 주님의 사역에 동참하는 것 뿐이다. 생명 공동체인 교회는 잘 안 되는 시기를 언제나 뛰어 넘었다. 사실 기독교 역사 가운데 목회가 잘 되는 시기는 그리 많지 않았다. 그러나 생명공동체인 교회는 언제나 주님이 역사하시고 이루어 가신다.

그러니 목회자는 복음의 확신을 갖고 목회철학을 온전히 성경에 두고 그것에 맞춰 잘 시행하기만 하면 된다. 시행에 있어서 좀 어설프고 부족해도 교회는 주님의 소유이기에 주님의 돌보심 가운데 자연스럽게 성장한다. 그래서 교회는 목회자가 특별한 능력, 특별한 은사, 특별한 조건을 갖추지 않아도 얼마든지 성장할 수 있다. 그런데 이러한 목회시

행에 있어서 중요한 역할을 하는 것이 바로 목회의 시행을 체계적으로 도울 수 있는 목회 매뉴얼이라는 것이다.

특별한 능력, 특별한 은사, 특별한 목회는 그야말로 특별한 몇 사람에게만 국한 되는 것 같다. 나는 특별한 능력과 은사를 가지고 대형교회 목회를 하셨던 김충기 목사님 밑에서 8년간 부사역자 경험을 했다. 지금도 김충기 목사님을 일 년에 한 두 차례 찾아뵙고 식사를 대접하지만 그분을 뵐 때마다 클래스가 다름을 느낀다. 김충기 목사님은 특별한 시대에 특별히 하나님이 쓰신 능력의 종이다.

대부분의 목회자는 특별하지 못하고 나와 같이 그저 평범한 경우가 많다. 건전한 신학적 토대위에 복음과 사명을 가지고 있으면 어떤 면에서는 충분하지 않은가? 많은 목회자들이 특별한 무엇인가를 얻으려고 하지만 어떤 면에서는 현재 가지고 있는 것으로도 충분하다고 본다. 교회는 목회자의 능력과 상관없이도 성장할 수 있다.

나는 원래 기계치라는 말을 들을 정도로 기계 다루는 데 약하다. 신형 컴퓨터나 핸드폰을 구입해도 그것이 가지고 있는 기능의 10%도 활용을 못하는 것 같다. 나에게는 컴퓨터나 핸드폰 기종이 최신이냐 구형이냐가 별 문제가 되지 않는다. 그것을 잘 활용할 수 있는 방법을 숙지하는 것이 더 중요하다. 성품과 인격이 훌륭하고 신학적 지식이 풍성하고 개인적 경건이 뛰어나고 하나님을 향한 뜨거운 사명감을 가지고 있는데도 목회현장에서 고전하는 목사님들이 있는가 하면 여러 가지 부족함이 있어도 목회의 방법을 구체적으로 잘 시행하여 열매를 거두는 목사들도 있다.

용인에 이런 교회가 있다. 2002년 1월 상갈동 그린빌 프라자 상가 5층에서 개척되어진 교회다. 2004년부터 2018년 현재까지 매년 평균 30명 정도 꾸준히 성장하고 있다. 목회자는 매년 연말 그다음 해에 어떤 목회를 해야 할지 크게 고민하지 않는다. 불신자가 계속 전도된다. 성도들과 목사의 행복지수가 높다. 목사도 성도도 교회는 계속 성장할 것이라고 꿈꾼다. 시험에 들어 교회를 나간 성도가 거의 없다. 매년 등록한 숫자가 그대로 교회성장으로 이어진다. 새가족 등록 후 정착률이 90%가 넘는다. 매년 적지 않는 교회행사를 추진할 때 자원하여 섬기는 성도들이 많아 어려움이 없다. 작은 중형교회로서 알토란처럼 성장하고 있는 교회, 바로 그 교회가 하나엘 교회이다.

요즘 교회개척이 잘 안된다고 하는 시대에 하나엘 교회는 정체 없이 성장하고 있다. "개척이 쉽게 되어지는데요. 나는 목회가 참 행복합니다"라고 말하면 많은 목사님들이 "진짜 그래요? 뭐 특별한 것이 있나요?"라고 묻는다.

분명하고 솔직하게 이야기하면 특별한 것이 없다. 멘토링 사역으로 섬기는 김종포 목사님의 『대형교회 숲 사이의 아름다운 교회』에 보면 "한국교회는 1%의 능력의 목사, 10%의 은혜의 목사, 90%의 평범한 목사가 있다"고 적어놓았는데 나는 90%의 평범한 목사의 부류에 속해 있음이 분명하다.

무계획적이고 즉흥적인 성향이 강한 내가 좌충우돌의 개척초기 어느 날 "하나님, 나도 목회를 잘하고 싶은데 어떻게 하면 잘할 수 있어요?"라며 기도했다. 그때 성령의 감동가운데 들리는 음성이 "너 그렇게 주먹구구식으로 목회하지 말고 미리 목회 계획을 세워 좀 제대로 하라"였다. 그때부터 성경에 나타난 기본적인 교회의 원리를 가지고 간단한 매뉴얼을 만들어서 목회를 시작했다. 신기하게도 교회가 너무 건강해졌다. 성장도 눈에 보이기 시작했다.

시행착오를
겪고 있는 목회

처음 개척을 하는 경우는 담임목사가 1인 3역 심지어는 1인 10역의 역할도 감당해야 한다. 상담가·전도인·경영가의 역할뿐만 아니라 관리인으로서의 능력도 있어야 한다. 정화조부터 전기 용량, 설비 소화기의 기능 등 여러 가지 건물관리에 대하여서도 알아야 한다. 여기에 더불어 행정가로서의 능력도 있어야 한다.

김용호 교수는 "목회자는 설교자와 제사장으로서만이 아니라 조직체로서의 교회를 이해하고 관리 경영할 줄 아는 행정가로서의 직무도 수행해 나갈 책임을 진다"고 하였다.

이렇게 다양한 목회적 기능을 수행해야 하는 목회자가 분명한 청사진 없이 목회를 할 때에는 즉흥적인 목회를 할 수밖에 없게 된다. 그런 목회는 많은 충돌과 갈등을 일으켜 목사와 성도들 또는 성도와 성도들사이의 관계를 악화시키게 된다.

목회자가 시행착오를 많이 하면 성도들의 신뢰를 잃어버려 건강한 교회의 성장을 기대하기 어렵게 된다. 의외로 시행착오를 겪고 있는 목회자가 많다. 하나님에 의하여 성별된 사역자로 부름 받은 목사는 신학교를 졸업하고 교회의 성장을 위하여 앞만 바라보고 열심히 달려가지만, 도중에 목표와 방향을 잃어버린 채 방황하다 지쳐버리는 일이 종종 있다.

정병관 교수는 "일선 목회자들이 자신들과 선배들이 해왔던 목회와 선교의 과업수행이 과거와는 다른 새로운 장벽에 부딪히고 있음을 매일 느끼고 그 장벽들을 제거한다는 갖가지 세미나와 집회에 참석해보지만 다시금 답답한 현장으로 실망만을 안고 돌아가게 되는 현실이 많다"고 하였다.

지금 한국은 세미나에 중독된 목사님들로 가득차다. 교회성장 세미나 하면 수천 명이 몰려든다. 그러나 그 세미나를 통하여 '실제적으로 목회에 도움을 받는 목사는 얼마나 있을까?' 하는 의구심이 든다. 오히려 부작용이 더 많은 경우도 있다. 옥한흠 목사님은 그의 강연에서 "본질에 생명을 걸고 목회하십시오. 어느 프로그램도 장점은 다 있고, 꼭 들어야 할 중요한 메시지를 담고 있지만 그러나 중요하다고 해서 모든 프로그램을 다 목회 현장에 수용을 했다가는 배탈이 날 수 있습니다"라고 했다.

어떤 사람이 건강이 좋지 못하여 병원을 찾으면 의사들이 이렇게 물어보는 경우가 있다고 한다. "혹시 한약 드셨습니까?" 왜냐하면 본인의 체질과 건강상태를 고려하지 않고 무분별하게 한약을 먹었을 때 그 한약 때문에 간에 무리가 생겨 오히려 건강을 해치는 경우가 있기 때문이다.

목회자가 목회자 자신의 기질과 성격 그리고 교회의 상황과 여건을 고려하지 않고 세미나 강의를 그대로 수용하였다가 오히려 교회의 건강을 잃어버리는 안타까운 경우가 있다.

내가 아는 A 목사님의 교회는 개척한지 1년 만에 50여명 정도로 부흥하였다. 워낙 전도에 열정이 있는 분이라 개인 전도를 통하여 50여명의 출석 성도로 교회를 성장시킨 것이다. 그러나 개성이 강한 몇 집사님들 때문에 의견충돌이 있었고 그러한 이유로 목사님이 목회를 소신있게 하는 것이 쉽지 않았다. 그러던 중 지인의 소개로 그 당시 인기 있는 목회 세미나에 가서 큰 은혜를 받고 오셨다.

그리고는 그 다음 주일 목사님이 강단에서 큰 소리로 선포하였다. "내 목회에 따르지 아니하는 분은 교회를 떠나도 좋습니다." A 목사님이 이렇게 한 이유는 강력한 목회 리더십을 가져야 하고 본인의 목회에 따르지 아니하고 교회를 힘들게 하는 중직을 변화를 시키든지 아니면 교회를 떠나는 것이 장기적 목회에는 더 유익하다는 세미나의 영향을 받았기 때문이다. 그리고 이렇게 선포를 했을 때 추측되는 결론은 리더십에 순종하든지 아니면 두세 명 정도 교회를 떠나는 것으로 생각했었다고 하였다. 그런데 결과는 예상 이외였다. 예상하였던 중직을 포함하여 20여명이 교회를 나갔다는 것이다. 교인들끼리의 결속력을 간과한 것이다. 그리고 어떤 연유에서든지 성도들에게 담임목사가 그것도 강단에서 "교회를 떠나도 좋다"는 말이 "성도들에게 이 정도로 큰 시험거리가 될 줄 몰랐다"고 하였다.

B 목사님은 소그룹 목회세미나를 다녀오고 나서 큰 확신을 가지고 몇 교회 중직들의 반대에도 불구하고 소그룹 목회 시스템을 그대로 수용하여 진행하다가 3년 만에 어려움을 경험하였다. 이런 시행착오를 겪는 목사님들이 주변에 의외로 많다. 그런데 이렇게 한번 목회적 시행착오를 하면 회복은 두 배, 세 배로 힘이 든다는 것을 알아야 한다.

목회 매뉴얼이
왜 필요한가?

『본질이 이긴다』의 저자 김관성 목사가 페이스북에 쓴 글을 보았다. 그 내용을 요약하자면 이렇다. "목회 자랑질하지 마세요. 하나님이 다 다양한 스타일대로 역사하시는 것이고 돈 있고 사람 있고 운 때가 맞아서 그런 것이지 뭘 그렇게 자신의 방법을 전하려고 합니까? 왜 우리가 동일한 방법으로 목회를 배워야 합니까? 교회의 시스템이나 운영원리에 대하여 자랑 그만 하세요. 자기한테만 먹히는 것이지 다른 사람한테는 안 먹힙니다."

이 글을 읽고 목회 매뉴얼 세미나를 준비하고 있는 나로서는 잠깐 고민을 하지 않을 수 없었다. 마치 '나에게만 먹히는 목회 프로그램을 자랑하려고 하는 것은 아닐까?'라는 점검이 필요했다.

곧 내린 결론은 50%만 인정하자는 것이다. 목회는 전적으로 시스템이나 운영의 방법으로 되는 것이 아니고 목회의 본질에 의하여 진행되는 것이다. 목회의 본질은 성령, 말씀, 예배, 기도, 전도, 예수 그리스도임이 틀림없다. 성령과 기도를 통하여 하나님의 역사를 이루어내는 것이 목회의 본질이다. 그래서 김관성 목사님의 주장에 공감하면서도 교회 시스템이나 매뉴얼이 본질은 아니긴 하지만 목회 매뉴얼과 시스템의 필요성에 대해선 흔들릴 수 없었다. 오히려 목회 매뉴얼과 조직 운영관리 시스템은 우리가 목회의 본질에 집중하게 하는 순기능을 하게 해준다.

성령, 기도, 말씀, 하나님의 주권과 같은 목회의 본질을 무시하고 목회 시스템이나 프로그램을 과하게 의지하는 것도 문제이지만 시스템과 매뉴얼을 무시하는 것도 문제가 된다고 본다.

축구를 잘하는 유명한 선수가 경기장에서 플레이를 잘하는 것과 팀을 전체적으로 이끄는 감독의 역할을 잘하는 것은 서로 다르다. 플레이를 잘하는 선수가 감독도 잘할 수 있느냐? 아니다. 아무리 축구를 잘해도 감독으로서의 수업을 받아야 한다. 감독이 갖추어야 할 것이 있다면 그것은 훈련 매뉴얼이다. 훈련 매뉴얼이 없는 축구감독은 개인적으로 축구실력이 뛰어나도 훌륭한 감독이 될 수 없다.

우리는 왜 히딩크 감독을 인정하는가? 그는 선수들을 체계적으로 훈련시키는 탁월한 훈련 매뉴얼을 갖고 있었기 때문이다. 그는 여느 다른 감독들과 마찬가지로 한국감독으로서 목표가 있었다. 다른 감독과 그가 다른 점은 꿈을 이루기 위한 방법 즉 선수들을 어떻게 길러내고 최강의 팀을 만들어야 하는지에 대한 훈련 매뉴얼이 있었고 그것을 일관성 있게 추진하여 나갔다는 것이다. 그 당시 예선전에서 계속 큰 골차이로 연패를 하였을 때 5 대 0 (오대영) 감독이라는 비난과 질책이 쏟아졌었다. 그러나 아랑곳 하지 않고 매뉴얼대로 계속 선수들을 훈련시켜 나간 결과, 세계를 놀라게 하는 월드컵 4강 신화를 이루어 낸 것이다.

목회자가 누구인가? 목회자란, 하나님의 비전과 뜻을 교회사역을 통하여 이루어 내는 사람이다. 그래서 목회자에게는 감독과 같은 역할과 사명이 있다. 목회자는 불신자를 전도하여 그들을 주의 제자로 잘 양육해서 함께 하나님 나라를 건설해 나가야 하는 영적 리더십을 가진 자이다.

목회의 영역은 굉장히 다양하다. 신학교에서 배운 학문들을 가지고 또는 신앙적 경험만을 가지고 적용해 나가기엔 한계가 있다.

목회자로서 준비해야 할 것이 무엇인가?

1. **목회자의 부르심에 대한 소명이 있어야 한다.**
   부르심에 대한 소명은 목회의 첫 단추이다. 부르심에 대한 소명이 없이는 목회의 장벽을 넘어갈 수 없다.
2. **신학교에서 많은 학문을 배워야 한다.**
   신학적인 토대가 있어야 한다. 신학교에서 조직신학·성서신학 등의 학문적 토대를 갖추어야 한다.
3. **영적인 실력 즉 기도·말씀·경건의 삶은 본질적인 것이다.**

이 세 가지는 목회자로 부름 받은 주의 종들이 기본적으로 갖추어야 할 본질적인 것들이다. 부르심·신학적 토대·개인적 영성 이 세 가지 중에 하나라도 결여가 된다면 건강한 목회를 기대하기는 어렵다. 그런데 문제는 이것이 목회자가 준비해야 할 전부라고 생각하는 것에 있다.

막상 개척을 해보면 목회자가 고민하는 영역은 이것이 아니다. 그것은 아주 현실적인 것이다. 막상 개척목회를 시작하면 어디서 어떻게 손을 대어야 할지 모른다. 건강한 목회를 꿈꾸는 목회자에게 위의 3가지만큼 중요한 것이 있다. 그것은 목회비전에 의한 목회 전략과 계획 그리고 시행을 돕는 목회 매뉴얼이다.

- 목회를 구체적으로 어떻게 해야 할 것인가?
- 어떤 목표를 가지고?
- 어떤 방법으로?
- 목회의 단계적 실천방안들이 무엇인가?

목회의 영역은 다양하고 복잡하고 예측하기 어려운 날씨처럼 그때마다 다른 모습으로 다가 온다. 그러므로 목회는 신학교에서 배운 학문들을 가지고 또는 신앙적 경험을 가지고만 적용해 나갈 수 있는 분야가 아니다. 물론 목회자가 만능박사가 되어서 행정·설교·심방·상담 모든 영역에서 전문성을 가질 수 있는 것도 아니다. 그러나 목회자는 교회공동체를 이끄는 지도자로서 확고한 교회비전을 가지고 분명한 목회계획에 의해 사역하는 것 만큼은 갖추어야 한다. 그래야 건강한 교회를 기대할 수 있다.

　목회사역에 대한 비전과 철학이 없는 가운데에서의 목회는 갈등을 야기할 수밖에 없다. 군대에서 제식훈련을 받을 때 지겹도록 많이 하는 것이 열과 오를 맞추는 것이다. 제대로 훈련되지 않은 군사 훈련생들에게 눈에 보이는 기준을 잡아주지 않으면 강한 군대는 기대하기 어렵다. 마찬가지로 영적 지휘자인 목사는 성도들에게 분명한 목회계획과 기준을 보여주어야 한다.

　부름 받은 목사는 건강한 교회를 세우기 위하여 목회를 해야 하는 것이다. 하나님의 비전을 성취하고자 하는 소원을 둔 목사는 현재까지의 목회를 총체적으로 점검하고 새로운 변화를 시도해야 한다.

　내가 만나는 여러 목사님들에게 "목사님들의 목회 전략과 계획이 있습니까?"라고 질문하면 "나의 목회 전략과 계획은 하나님의 말씀입니다." 또는 "사도행전입니다." 또는 "성령이 이끄시는 대로 목회를 합니다." 또 어떤 분은 "성령과 기도"라고 대답한다. 이러한 대답은 구체적인 목회 전략이 없다는 말로 들린다. 자신의 목회 전략과 계획이 없는 경우는 부교역자 때의 경험이나 어릴 때부터 다닌 교회생활의 경험이 자신의 목회 기반이 되기가 쉽다. 그것이 다 나쁘다고 할 수 없다. 그러나 그것이 목회 전략과 계획이 되어서는 안 된다. 자신이 직접 목회 전략과 계획을 준비해야만 한다.

성경도 목회 매뉴얼을 강조하고 있는가?

"사람이 마음으로 자기의 길을 계획할지라도 그의 걸음을 인도하시는 이는 여호와시니라"(잠 16:9). 흔히 이 말씀은 우리의 걸음을 주관하시는 분은 하나님이시기에 인간의 계획은 필요 없다거나 중요하지 않다는 말로 들린다. 그러나 사람이 자기의 길을 마음으로 계획하는 것이 있어야 목표를 향하여 걸음을 내딛을 수 있다. 이 말씀은 자기의 길을 계획하지 말라는 뜻이 아니다. 어떤 일에 대한 사전 준비와 계획을 세워놓되 이 모든 일의 주권자가 하나님임을 잊지 말라는 뜻이다.

느헤미야가 성벽을 재건할 때도 기도와 아울러 사전조사를 했다. 성벽재건 공사추진에 어려움이 닥쳤을 때 어떻게 해결해야 할 것인지 위기수습까지 계획을 세웠다. 만약에 이러한 느헤미야의 성벽재건 매뉴얼이 없었다면 성벽재건은 쉽지 않았을 것이다. 요셉은 애굽에 닥쳐올

7년 풍년과 7년 흉년의 닥쳐올 미래를 하나님이 보여주신 꿈을 통하여 알게 되고 나서 주도면밀한 대비책을 세웠다.

사도행전에 나타난 초대교회는 베드로와 요한에게 말씀과 기도를 전무하게 하고 교회행정은 안수 받은 일곱 집사에게 맡겼다. 그래서 교회는 든든히 세워져 갔고 구원받는 자가 날마다 더하게 되었다. 목회자는 말씀과 기도에 전무하고 행정은 안수 받은 집사들에게 맡기는 것 자체가 매뉴얼이 되는 것이다. 매뉴얼이란 목회가 건강하게 세워지도록 건강한 원칙을 세우는 일종의 행정 시스템이다. 그래서 목회자들이 목회 매뉴얼을 만들어 목회하는 것은 성경적인 것이다.

목회 매뉴얼은
영양사의 식단과 같은 것이다

균형 잡힌 식단이 중요한 이유가 무엇인가? 왜 영양사를 채용하여 직원들과 아이들의 식단관리를 하고 있는가? 풍족한 시대를 살고 있는 지금 우리 대한민국에서는 영양실조의 위기를 겪고 있는 사람은 거의 없다. 오히려 영양과잉이 문제라면 문제이다. 패스트푸드·기름진 음식·청량음료 같은 음식들로 인하여 아이들의 비만이 점점 늘고 있다. 논산 훈련소에서 90킬로가 넘는 훈련병들은 따로 분대를 만들어 살을 빼게 하는 훈련을 받는다는 이야기를 들었다. 많이 먹지를 못해 영양실조에 걸린 자녀들도 문제이고 너무 많이 먹어서 영양과잉에 걸린 자녀들도 문제이다. 그러면 대안은 무엇인가? 영양사가 식단을 미리 계획하여 매뉴얼을 가지고 그 매뉴얼대로 시행하면 된다. 그리고 그 매뉴얼대로 1년, 2년 음식을 먹게 되면 어느새 우리의 자녀들은 건강한 몸을 유지할 수 있게 된다.

    각종 질병을 예방하고 더 건강한 삶을 위해서는 식단 관리가 중요하다. 식품들이 함유하고 있는 영양소는 각기 다르다. 부족하거나 과잉되는 부분이 없이 골고루 섭취할 수 있도록 식단 구성이 이루어져야 한다. 그러나 사람들은 대부분 본인이 좋아하는 음식만을 선택한다. 고기류를 좋아하는 가정에서는 항상 기름진 음식들을 빼놓지 않는다. 균형 잡힌 식단을 계획할 수 있는 영양사들의 매뉴얼을 따라야 한다. 그 식단의 매뉴얼대로 음식을 먹게 되면 나중에는 반드시 좋은 결과가 생긴다.

    목사님들은 성도들을 건강하게 하고 교회를 건강하게 할 책임이 있다. 그런데 목회 매뉴얼이 없을 때는 대부분 목사님들이 본인이 선호하는 쪽으로만 교회를 이끌기가 쉽다.

    흔히 우리 주변에 영성목회를 하시는 분들이 있다. 이러한 목사님들은 개인적으로 강한 성령의 능력을 체험하신 분들이다. 그래서 본인 스스로도 기도에 많은 시간을 드리고 성령의 능력을 사모한다. 대부분의 설교의 주제도 성령과 기도이다. 이러한 교회는 주일 대예배나 금요예배, 수요예배의 숫자가 별로 차이나지 않는다.

    영성목회를 지향하는 교회의 예배는 생동력이 넘친다. 그리고 기도 시간에 체험이 많아 날마다 간증들로 넘쳐난다. 헌신과 봉사의 동력도 뛰어나다. 그러나 이러한 교회들의 또 하나의 특징은 양육 프로그램이 약하다는 것이다. 교회의 모든 프로그램이 예배와 기도에 치중되어 있다 보니 양육훈련 프로그램은 등한시된다. 성령과 기도에 중시하는 목사님들은 양육 프로그램에 별 관심이 없는 경우가 많다. 성령체험하면 모든 것이 다 해결된다고 생각하는 경향이 많기에 성도들을 그 믿음의 상황에 맞게 오랜 시간을 두고 제자훈련이나 성경공부 프로그램으로 양육해야 하는 것에는 크게 관심을 두지 않는다.

　이러한 교회의 문제는 무엇인가? 교회가 역동적으로 부흥하고 성령의 강력한 능력을 체험하기는 하지만 역동성이 줄어들게 되면 성숙하지 못한 모습들로 인하여 내부적으로 많은 문제가 생긴다는 것이다. 체험이 식어지거나 기도가 식어지면 옛 성품이 그대로 나와 교회에 많은 문제를 일으키는 경우가 있다. 성도들을 기도하게 하고 성령의 능력을 체험하게 하고 헌신하게끔 하는 것은 강력한 메시지와 카리스마 있는 영적 지도력을 통한 체험신앙이지만 성도들에게 그리스도의 성품을 본받게 하고 성숙한 모습으로 나아가게 하는데는 체계적인 양육을 통해서만 가능하다.

　친구 목사님이 서울에 있는 작은 교회에 부임하였다. 이 교회의 전임목회자는 여성 목회자였는데 40일 금식기도를 여러 번 하셨다고 한다. 그래서 부임한 친구 목사님도 기도중심의 목회를 했다. 놀라운 사실은 그 교회의 많은 성도가 40일 금식기도를 했다는 것에 있었다. 새벽기도도 2~3시간은 기본이고 수시로 성도들이 교회에 와서 기도하는 교회였다. 친구 목사님은 나에게 목회의 어려움을 말해 주었는데 재미있는 것은 그 교회는 모든 신앙의 평가를 기도 시간에 기준한다는 것이었다.

　목사도 하루에 몇 시간을 기도하느냐? 금식을 며칠이나 했느냐? 가

영성의 기준이 된다는 것이다. 담임목사가 본인들이 해낸 40일 금식을 하지 못하면 본인들보다 신앙이 약하다고 생각을 하고 그러한 목사님의 리더십을 인정하지 못하는 분위기였다. 그래서 부임한 친구 목사님도 40일 금식을 2번이나 하였다고 한다. 물론 목사님이 40일을 한 이유는 개인의 영성을 위한 것도 있지만 더 중요한 동기는 40일 금식도 안 한 상태에서 40일 금식을 한 성도들에게 리더십을 가지는 것이 어려웠기 때문이었다. 심지어 이런 경우도 있었다고 한다. 교회 여전도회에서 김치를 담갔는데 김치 맛이 없는 것도 목사님 영성이 약해서라고 김치 맛의 책임을 담임목사에게 돌렸다고 한다. 왜 이런 역기능의 교회가 되었을까? 40일 금식과 기도의 능력을 체험한 성도들이 모인 교회가 지금은 왜 이렇게 유치한 수준의 교회로 전락하였을까? 냉정하게 평가하면 그 교회를 세운 목사님은 기도체험으로만 목회를 하였기 때문이다.

목회의 모든 중심을 금식과 기도만으로 정해놓았기 때문에 성도들을 체계적으로 양육하지 못하였다. 내가 그 이야기를 들었을 때 그 교회는 오히려 기도가 이 교회의 성장을 가로막고 있는 듯 보였다. 실제적으로 목사님과 교제하던 중 목사님은 성도들의 금식 기도가 성도들을 교만하게 만들었고 율법적으로 만들었고 오히려 그러한 것이 교회를 힘들게 하고 있다고 하소연을 하였다.

반대로 제자훈련이나 양육프로그램을 중시하는 목사님들이 목회하는 교회는 성령과 기도의 체험에는 약한 모습을 보이는 경우가 더러 있다. 이러한 교회는 주일 예배에 비해 주중 예배 특히 새벽과 금요기도회

시간의 숫자가 현저히 적다. 성령의 체험과 기도가 약하니 생동력있는 믿음생활과 간증 그리고 헌신 등이 약하여 교회가 성장의 동력을 잃어버린 경우가 많이 있다. 신앙에 있어서 체험은 신앙의 동력과 같다. 기도에 대한 주제로 10시간 성경공부하는 것만큼 중요한 것이 1시간 실제적으로 기도하여 응답받는 것이다.

그런데 성경공부 중심의 교회의 특징은 기도를 많이 가르치는 데 실제적으로 기도는 많이 하지 않는 경향이 있다. 또 어떤 교회는 문화사역이 교회의 중심이 된 교회가 있다. 교회가 세상에 선한 영향력을 끼치기 위해서 문화사역은 중요하다. 교회가 크게 성장하여 이제 문화 쪽으로도 세상에 선한 영향력을 줄 상태가 되면 문제가 없겠지만 어떤 교회는 교회의 성장을 목적으로 유치원이나 커피숍이나 노인복지를 힘쓰는 경우가 있다. 그러나 교회의 모든 사역의 중심이 커피 운영 또는 복지 쪽으로 기울어져 있으면 교회가 사업체 같은 인상을 주기도 한다. 문화사역을 움직이기 위한 에너지가 교회의 사역을 위한 에너지보다 더 많이 발생되어 문화사역이 오히려 교회사역의 힘을 분산시키는 경우가 생긴다. 교회의 수입은 기본적으로 성도들의 헌금으로 이루어져야 한다. 교회의 문화사역이 수익성 사업이 되고 교회의 재정 수입에 영향을 준다면 바람직하지 않다. 교회가 세상에 선한 영향력을 주기 위하여 수익성 사업을 해야 할 필요성이 있다면 그 수익은 100% 사회를 위하여 다시 투자되어야 한다.

건강한 몸을 위하여서는 한 가지 특정한 음식만 먹어서는 안 된다.

균형 잡힌 식단에 의한 균형 잡힌 음식을 섭취하여야 한다. 그래서 주님의 몸 된 교회를 이끄는 목회하는 지도자는 내가 좋아하고 잘할 수 있는 목회를 하는 것이 아니라 성경에서 제시하는 건강한 교회를 위하여 내가 잘하지 못하는 부분도 노력해서 계획을 하고 시행해야 할 책임이 있다. 그래서 필요한 것이 성경의 원리에 의한 목회 매뉴얼이다.

목회 매뉴얼이 가져다주는
혜택은 무엇인가?

목적을 분명하게 해준다
　매뉴얼의 장점은 성도들에게 교회생활과 신앙생활의 목적을 분명하게 해준다는 것이다. 교회를 오랫동안 섬기던 성도들도 본인이 다니고 있는 담임목사의 목회관을 잘 모르는 경우가 있다. 목사님이 무슨 생각을 가지고 있는지 어떤 목표를 가지고 있는지를 잘 몰라 소통이 안 되는 경우가 많다. 그런데 목회 매뉴얼은 목사와 성도 간에 분명한 소통의 역할을 한다.

　목회 초창기에 성도들을 데리고 필리핀 민다나오에 단기선교를 갔던 적이 있다. 그런데 아주 힘든 선교여정을 보냈다. 선교활동 자체가 힘든 것이 아니라 선교팀 내부 안의 관계 때문에 힘들었다. 선교팀에 참여한 12명이 선교에 대한 생각과 목적이 다 달랐기 때문이었다. 어떤 분은 "이러려고 선교왔느냐? 선교와서는 고생해야 하지 않느냐? 이렇게 편하게 호텔에서 숙박을 해도 되느냐?" 하면서 시험 든 성도가 있는 반면, 어떤 분은 "왜 우리를 고생시키느냐?" 하면서 시험 든 성도도 있었다. 그러나 목회 매뉴얼을 통하여 선교에 대한 목적과 지침을 미리 알려 주게 되면서부터는 이런 부작용은 일어나지 않았고 같은 마음 같은 비전 같은 목적을 공유하게 되어 매년 좋은 선교의 결과를 얻을 수 있었다.

목적이 분명할 때의 유익은 의외로 많다. 목적이 분명할 때 교회가 누릴 수 있는 혜택은 무엇인가?

- 첫째, 교회 공동체가 동력을 얻는다.
- 둘째, 교회 사역에 집중력이 생긴다.
- 셋째, 교회를 위한 자발적 협력을 끌어낸다.
- 넷째, 교회에 대한 올바른 평가를 하게 한다.
- 다섯째, 교회가 활동적이며 건강하게 된다.
- 여섯째, 교회의 방향이 미래지향적이게 된다.
- 일곱째, 교회가 바르게 성장하는 에너지를 얻는다.

릭 워렌(Rick Warren) 목사님은 목적이 분명할 때 얻을 수 있는 유익 5가지를 이렇게 말했다.

- 첫째, 교인들의 사기(morale)를 높인다(고전 1:10).
- 둘째, 좌절감(frustration)을 해소시킨다(빌 1:27).
- 셋째, 사역에 집중(concentration)하도록 돕는다(빌 3:13).
- 넷째, 자발적인 협조(cooperation)를 얻는다(빌 1:15).
- 다섯째, 평가(evaluation)를 가능하게 한다(고후 13:5).

교회의 목적이 분명한 경우는 교회에 대한 확실성과 진정성은 물론 신뢰도를 높여 교회에 대한 정확한 이미지를 갖게 한다. 복음을 받아들이고 주님을 향한 열망이 있는 성도들은 교회에서 나름, 사역을 통해 주님께 헌신하고 싶어 한다. 대부분의 성도들은 교회를 사랑하고 어느 정도 헌신의 동기부여가 되어 있다. 그렇더라도 성도들의 역량에 넘치거나 모자라지 않게 적절한 사역 배치를 할 필요가 있다.

축구감독이 선수들의 포지션을 선정할 때 수비에 능한 선수를 공격수에 배치하지 않는다. 아직 기량이 안 된 선수들은 후보로 두어 더욱 기량을 준비하게끔 한다. 그리고 보다 신경쓰는 것은 팀워크다. 모든 선수들이 전략을 공유하고 협력하면 시너지 효과가 발휘되어 예상외로 좋은 성적을 올린다. 목회 매뉴얼은 바로 이와 같다.

목회 매뉴얼은 성도들에게 안정감을 준다

누구나 경험하듯이 개척 초기 때 담임 목사는 모든 면에서 목회적 안정감을 누리기 어렵다. 모든 것이 부족하기 때문이다. '이러다가 교회가 문을 닫는 것은 아닌가?' '우리 교회는 성장할 수 있을 것인가?' '지금 몇 안 되는 성도들이 잘 정착할 수 있을까?' 물론 모든 목사님들이 다 그런 것은 아니다. 몇 분의 목사님은 오직 믿음으로 불안을 이기고 담대히 목회하는 목사님들도 계시긴 하지만 나의 경우만 하더라도 개척 때는 늘 불안했다. 그러나 목회자들이 간과하지 말아야 할 한 가지 사실은 개척 때 성도들은 더 불안하다는 것이다.

담임 목사뿐만 아니라 성도들도 매주 주일 예배 숫자를 체크하고 있다. 성도들도 교회에 대한 불안감이 있기 때문이다. 그리고 개척교회 또는 미자립 교회 성도들의 부담은 목사님이 자신들에게 거는 기대가 너무 크다는 것이다. 그래서 목사님이 때로 너무 많은 헌신을 요구한다고 느껴질 때는 고민하다가 어느 날 떠날 결심을 하게 된다. 목사님도 이런 식으로 하다가는 성장이 되지 않고 정체할 것 같은 불안감 때문에 헌신이 준비되지 않는 성도들에게 무리한 헌신을 요구할 때가 있다. 그러나 담임목사의 준비된 목회 매뉴얼은 목사와 성도들 모두에게 목회적 안정감을 가지게 하고 소망을 가지게 한다.

스스로 사역을 선택하게끔 기회를 준다

성도들마다 은사가 다르다. 교회에서의 헌신과 봉사도 잘할 수 있는 분야가 있고 그렇지 못한 분야가 있다. 성도들은 자신의 은사를 잘 밝히지 않는다. 그래서 목회자들은 성도들의 은사를 잘 모르는 상태에서 직분을 주고 사역을 부탁할 때가 많다. 그래서 주어진 사역이 성도들에게 잘 맞으면 좋은데 그렇지 못한 경우에는 부작용이 생긴다. 그러나 성도들이 목회 매뉴얼을 통하여 교회의 목적과 비전을 숙지하고 나면 본인이 할 수 있는 영역만큼 헌신할 사역을 스스로 선택할 수 있게 된다. 이렇게 성도가 스스로 사역의 성격을 알고 그 범위를 알고 선택한 사역은 대부분 잘 감당하는 결과를 얻게 된다.

목회자와의 갈등을 줄인다

사실 목회의 어려움은 사사로운 것들에 대한 의견충돌 때문에 생기지 않는가? 성도들 간에 문화적 차이, 지역적 차이, 세대 간 차이에 통합과 소통의 창구역할을 해야 하는데 이 창구의 역할을 가능하게 해주는 것이 매뉴얼이다. 목회 초창기에는 "왜 우리 교회는 이것이 없어요?" "왜 이것을 해야만 해요?" 라는 목회적 건의사항이 많았다. 그러나 목회 매뉴얼이 있고 난 뒤부터는 그런 불평은 완전히 없어졌다.

"교회가 흔들리면 교회 안에 속한 성도들이 흔들리는 것은
자명한 일이다. 지진이 났을 때 건물이 흔들리는 이유는 기초를 받치고
있는 지지대인 땅이 흔들리기 때문이다. 건강한 교회를 받쳐주는 기초와
같은 역할이 교회가 공유해야 할 교회의 핵심가치를 아는 것이다."

manual 2

목회 매뉴얼에 대한 이론적 근거

교회의 핵심가치를
알아야 한다

교회가 흔들리면 교회 안에 속한 성도들이 흔들리는 것은 자명한 일이다. 지진이 났을 때 건물이 흔들리는 이유는 기초를 받치고 있는 지지대인 땅이 흔들리기 때문이다. 건강한 교회를 받쳐주는 기초와 같은 역할은 교회가 공유해야 할 교회의 핵심가치이다.

조직적 사고(systematic thinking) 이론을 제시한 피터 센지(Peter M. Senge)는 말하길 "가치란 우리가 어떻게 행동하는지를 결정하는 정신적 형태이다. 가치는 모든 행위들을 근본적으로 볼 수 있는 프리즘을 제공한다"고 했다. 다시 말하면 조직과 사람은 가치에 따라 움직인다고 할 수 있다. 지도자 개발원의 책임자이며 성장학자인 해럴드 웨스팅(Harold J. Westing)은 "종종 교회가 어려움에 빠지는 경우가 있는데 그 이유는 교회가 가장 소중히 붙들어야 할 가치가 어떤 것인지를 명확하게 규정해 놓지 않았기 때문이다"라고 했다. 교회는 목적이나 목표보다 가치가 더 중요하다. 어떤 가치를 가지고 있느냐에 따라 교회의 목적이 설정되고 목회의 목표가 세워지게 된다. 그렇기 때문에 교회를 교회되게 하려면 교회의 핵심가치를 가장 먼저 세워야 한다.

교회 회복의 1차적 목표는 교회의 가치를 정립하고 다시 세우는 일이다. 우리 교회의 핵심가치를 정의하고 교회가 궁극적으로 추구하는 중심가치가 있을 때 바르고 건강한 교회가 세워진다. 우리 교회의 핵심가치는 무엇인가? 교회가 추구하는 가치는 어떤 것들이 있는가? 이런 질문들은 교회를 세우는데 기반이 되는 내용들이다. 목사는 교회의 가치에 대해 선명해야 한다. 또한 목사는 현재의 교회를 가치 있는 교회로 만들어야 할 책임을 갖고 가치 있는 사역들을 함으로 교회를 교회되도록 해야 한다. 교회의 핵심 가치는 '다림줄'(plumb line)과 같다. 건축자가 정확하게 건축할 수 있도록 기준을 설정해 주는 것처럼 목사가 교회의 방향과 비전과 목회의 우선순위를 정하는데 토대가 되는 것이 핵심가치이다. 저자는 부끄럽게도 목회초기에 이러한 교회에 대한 핵심가치가 분명하지 않았다. 저자와 같은 시행착오를 하는 초보목회자를 위하여 교회의 핵심가치를 살펴보는 것은 무엇보다 중요하다.

교회의 가치는 교회가 나아가야 할 방향과 목적보다는 '우리가 왜 이 일을 하는가?'에 대한 이유를 말한다. 사역의 목적과 방향보다, 왜 그러한 목적을 두고 있는지 왜 그러한 방향으로 달려가는지에 대한 질문에 대한 답이 더 중요할 때가 많다.

가치의 중요성은 교회가 사역을 왜 해야 하는가를 설명해 주는 근거이다. 가치가 분명치 않는 교회는 교회를 찾는 사람들에게 교회의 분별력과 세상과의 차별성, 다른 종교와의 변별력을 줄 수 없으며, 교회가 추구하는 본래의 의도를 전달할 수 없기에 교회의 신뢰를 이끄는데 위험하다. 그러나 교회의 가치가 분명한 경우는 교회에 대한 확실성과 진정성은 물론 신뢰도도 높아 교회에 대한 정확한 이미지를 갖게 한다. 한국교회는 그동안 교회의 가치를 중시하는 목회보다는 목표를 달성하려는 의욕에 치중하면서 교회다운 교회를 보여주는데 부족했다. 교회의 미래는 가치의 설정에 있다고 말할 수 있다. 교회마다 먼저 가치의 중요성을 인식하는 가치체계를 세우는데 혼신의 역량을 쏟아야 한다. 특히 개척을 준비하거나 작은 교회의 경우는 훨씬 중요한 것이 교회의 객관적 가치를 설정하고 처음부터 확고하게 가치에 따른 목회를 하는 것에 있다. 그래야 교회가 질서 있고 공의하게 세워져 안정성을 주게 된다.

이전에 KBS 개그콘서트에서 〈어르신〉이란 프로가 한때 인기를 끌었다. 그 당시 인기를 끌었던 어르신의 한 소재를 소개하면 다음과 같다.

취직? 다 부질 없는 기라. 좋은 직장 구해가 월급 받으면 뭐하겠노?
기분 좋다고 소고기 사묵겠지. 소고기 사묵으면 뭐하겠노?
힘내가 일만 더 하겠지. 일 하면 뭐하겠노?
힘들었다고? 소고기 사묵겠지. 소고기 사묵으면 뭐하겠노?
가족들 먹여 살리려고 열심히 일해가 돈 많이 벌겠지.
돈 많이 벌면 뭐하겠노? 돈많다고 소고기 사묵겠지.

이 프로에서는 취직을 하고 열심히 일하는 목적이 마치 소고기를 사먹는 것으로 설정해 놓고 있다. 하지만 왜 소고기를 사먹어야 하는지 소고기를 사먹는 것이 왜 중요한지에 대한 설명은 없다. 그래서 솔로몬의 "모든 것이 헛되고 헛되도다"는 말씀을 기억나게 한다. 목회사역도 같은 맥락에서 설명해보면 목적과 비전을 두고 열심히 사역하는 것도 중요하지만 그 목적과 비전을 이루어야 하는 이유를 살펴보고 점검하는 것이 더 중요하다고 말할 수 있겠다.

분당에 신도시가 입주할 즈음에 좋은 위치에 교회를 건축하여 부흥을 한 교회가 있었다. 분당 가까운 판교에 신도시가 입주할 때 또 한번의 비전과 목적을 세웠다. 판교 신도시 입주에 맞추어 큰 성전을 지어 이전하는 것이 그 교회의 목적이 되었고 비전이 되었다. 결국 판교에 수천명이 들어가는 아름다운 성전을 지었다. 비전을 이루고 목적을 이룬 것처럼 보였다. 그러나 그 교회는 성전을 지으면서 무리하게 얻은 은행 대출을 상환하지 못하여 결국 경매에 들어가게 되었다. 더 안타까운 것은 이단이 그 교회를 매입한 것이다. 교회의 비전과 목적을 실행하기 전에 '왜 이일을 하려고 하는가?'에 대한 가치를 신중하게 점검해보는 것이 어쩌면 더 중요했는지 모른다.

많은 교회들이 비전과 목적을 가지고 열심히 달려가지만 교회의 핵심가치들을 간과하여 어려움을 당하는 일들이 종종 있다. 교회성장학자 맬퍼스(Aubrey Malphurs)의 10가지 가치 이론을 살펴보면 공동체에서 함께 공유할 가치가 목회에 있어서 왜 그렇게 중요한가를 깨닫게 된다.

목사님의 분명한 목회 청사진은 성도들과 교회의 가치와 목회의 가치를 공유하여 건강한 교회를 세울 수 있다.

> **교회성장학자 맬퍼스(Aubrey Malphurs)의 10가지 가치 이론**
>
> ① 사역의 특성(distinction)을 결정해 준다.
> ② 개인적 참여(personal involvement)를 끌어낸다.
> ③ 무엇이 중요한가(what is important)를 말해준다.
> ④ 변화(change)되도록 만든다.
> ⑤ 강력한 영향력(influence)을 준다.
> ⑥ 사람들을 고취(inspire)시킨다.
> ⑦ 리더십을 향상(enhance)되게 한다.
> ⑧ 사역 성격(ministry character)을 구체화(shape) 한다.
> ⑨ 성공에 크게 기여(contribute)하게 한다.
> ⑩ 사역 비전(ministry vision)을 결정(determine)하게 한다.

① 사역의 특성(distinction)을 결정해 준다.

교회가 지향하는 사역 목표나 전적으로 해야 될 중심사역과 우선사역에 대한 규정은 가치에 의해 결정되어야 한다. 가치가 분명한 교회는 사역의 특성들을 최대한 살리게 되고 사역의 새로운 영역을 광범위하고 다양하게 시도하며 사람들을 교회로 인도하고 확신하게 할 수 있는 장점을 갖게 한다.

② 개인적 참여(personal involvement)를 끌어낸다.

교회의 가치는 개인의 가치를 만족시킨다. 사람마다 자신의 가치에 알맞은 곳에 자신의 에너지를 쏟아놓는다. 사람들은 늘 질문하게 된다. '우리는 같은 가치를 가지고 있는가?' 사람들은 동일한 가치를 확인하고 찾게 되면 더 적극적으로 참여한다. 공유된 가치(shared values)는 개인적인 목적과 집단적인 목적을 하나로 묶어 교회를 향한 열정과 목적 성취에 기여하도록 만든다.

③ 무엇이 중요한가(what is important)를 말해준다.

가치는 그 교회가 신성시하는 것을 정의한다. 교회 안의 가치는 모두 같은 것이 아니다. 가치에도 우선순위가 있다. 가치를 명확하게 알려주면 사람들은 무엇을 먼저 해야 할 것인가를 결정하도록 도와주고 방향에 대해 집중력을 갖게 한다. 우리 교회는 성도들에게 우리 교회가 무엇이 중요하고 가치 있는 사역인가를 뚜렷하게 확인시켜 주어야 한다.

④ 변화(change)되도록 만든다.

급변하는 시대 속에서 교회 안에 변화되어야 할 것이 무엇인가를 정확하게 제시해주는 역할을 하는 것이 가치이다. 가치는 변화되어야 할 순위를 결정하고 신속한 변화를 통해 교회의 생존은 물론 교회의 확장까지 측정한다. 가치에 따라 사람은 움직인다. 교회가 사람들을 변화시키려면 그들이 교회의 가치를 발견하도록 도와주어야 한다. 가치가 분명해야 사람이 변한다.

⑤ 강력한 영향력(influence)을 준다.

가치는 교회를 지탱하고 발전시키는 강력한 힘이다. 결정 내리기, 목표 설정하기, 우선순위 결정하기, 문제 해결하기, 갈등 해결하기 등과 같이 가치는 모든 행동에 기초가 되는 영향력이다. 사람이 판단을 내리게 될 때 가장 많이 생각하는 것이 '이것이 가치가 있는 일이냐 아니냐'라는 가치부여다. 가치는 모든 결정의 키다.

⑥ 사람들을 고취(inspire)시킨다.

사역의 효율성을 높이는 것이 가치이다. 사람들이 헌신할 수 있는 대상과 그 일에 대한 열정을 일으키는 역할을 하는 것도 가치다. 성도들이 자신보다 큰 일, 자신을 헌신케 하는 일, 자신의 삶에 의미를 주는 일, 최고의 노력을 바치고 싶은 일을 찾게 해주는 것이 가치다. 무엇인가를 투자하도록 사람들의 마음을 움직이게 하는 것이 가치다. 가치는 사람을 끌고 가는 매력을 던진다.

⑦ 리더십을 향상(enhance)시킨다.

교회든 조직이든 사람이든 리더가 움직이는 대로 움직인다. 교회의 모든 리더는 가치 주도적(values-driven)이며 사역은 가치에 대한 반응이라 할 수 있다. 그러므로 목회는 최종 리더인 목사의 신앙, 신념, 가치를 담은 그릇으로 비유한다. 목사의 분명한 가치 설정은 높은 리더십으로 사람들을 끌어 올린다.

⑧ 사역 성격(ministry character)을 구체화(shape)한다.

교회의 가치는 사역의 성격을 결정한다. 가치가 잘 세워진 교회는 구조도 건강하며 조직이나 기관, 부서, 소그룹까지 건강하다. 교회의 사역들이 질서 없이 움직이고 무엇을 하는지 모를 정도로 혼돈된 상태인 것은 가치체계가 세워져 있지 않기 때문이다. 탁월한 사역을 하는 교회란 이미 탁월한 가치를 설정한 교회다.

⑨ 성공에 크게 기여(contribute)하게 한다.

성공은 사역의 핵심적 가치를 다른 어떤 것과도 타협하지 않은 채 그 사역 비전을 성취하는 것이다. 사람들에게 '공유적 가치'(shared values)와 '조화적 가치'(congruent values)는 사역을 이루는데 열정과 헌신과 추진력을 창조해 낸다. 성장하는 교회를 만들기 위해서 프로그램을 적용하게 될 때 먼저 가치를 설명하면 목표보다 더 크게 성공할 수 있다. 교회는 행사의 이유보다 가치의 원인을 제시해야 한다.

⑩ 사역 비전(ministry vision)을 결정(determine)하게 한다.

가치는 비전을 세워준다. 교회가 비전들에 약한 원인은 정확한 가치를 설정하지 않은 결과다. 가치는 비전이 무엇인가에 대답해주는 실질적 역할을 하고 잠재적 비전을 갖게 하는데 직접적으로 영향을 끼친다. 비전은 무엇을 하고 어떤 사람들을 겨냥하며 어떤 방법을 사용할 것인가를 말해주는데 가치에 의해서 비전이 이행된다.

이와 같은 교회성장학자 맬퍼스의 10가지 가치 이론은 오늘의 목사들에게 교회의 가치가 얼마나 중요한 것인가를 깨닫게 한다. 그러면 이렇게 가치를 공유하게 하는 방법이 무엇인가?

- 담임목사의 목회 철학
- 담임목사의 목회 비전
- 담임목사의 목회 계획

담임목사의 목회계획에 의한 구체적인 실천방안의 제시가 있어야 한다. 이러한 구체적인 실천방안의 제시가 목회 매뉴얼이다.

목회 매뉴얼은 성경을 통하여 만들어져야 한다

목회자는 주님의 교회를 세우는 사명자이다. "주는 그리스도시요 살아계신 하나님의 아들입니다"라는 고백을 듣고 주님은 베드로에게 "내가 이 반석 위에 내 교회를 세우리라"고 하셨다. 주님은 베드로의 교회를 세우라고 하지 않고 내 교회를 세우라고 하셨다. 그래서 목회자는 아무렇게나 목회 계획을 세워서는 안 된다. 주님의 교회이니 주님이 원하는 교회를 세워야 한다.

건축주가 집을 지어달라고 하였는데 창고를 짓거나 상가를 지어서는 안 된다. 어떤 형태든 사람이 거주하고 살 수 있는 집을 지어야 한다. 주님의 교회를 세우는 목회자는 내가 원하는 스타일의 교회를 세우는 것이 아니라 주님이 원하시는 교회를 세워야 할 사명이 있다. 그러면 교회의 목회 매뉴얼은 분명 성경이 기준이 되어야 하고 성경적 토대에서 세워져야 한다.

종교개혁 이후 오늘에 이르기까지 복음주의적 개신교는 '성경으로 돌아가자'는 초대교회의 모델을 추구하여 왔다. "반석 위에 자신의 교회를 세우시겠다"고 하신 예수 그리스도의 약속은 세계 모든 교회에(마 16:18) 그리고 한국교회에도 여전히 유효하다. 예수님의 약속과 '대 위임 명령'을 통하여 탄생한 초대교회의 정통성을 이어받아 건강하게 성장하는 교회를 믿음의 후손들에게 유산으로 물려주어야 할 책임이 모든 교회에 있다.

교회에 대한 성경적 신학적 토대

교회가 세상에 선한 영향을 끼치는 것은 건강한 교회를 통해서 가능하다. 교회성장의 학문적 기초를 놓은 도날드 맥가브란(Donald McGavran)과 피터 와그너(Peter Wagner) 교수가 연구한 영역은 '교회가 어떻게 성장하느냐?'였다. 그러나 주님이 원하시는 것은 교회의 성장이기도 하지만 사실 건강한 교회이다. 이제 21세기의 교회의 화두는 성장이 아니라 건강이다. 교회는 하나님의 경륜이다. 2,000년 역사 동안 교회는 늘 부족하고 엉성하였지만 교회를 통하여서 영혼구원이 이루어졌다. 교회의 건강은 곧 하나님 나라의 확장과 동일하게 생각할 수 있다.

조지 바나(George Barna)는 말하기를 "사람들이 자기가 출석하는 교회의 건강에 의해 영향을 받는 것이 분명하다"라고 했다. 특별히 교회의 건강을 유지하기 위해서는 3가지 면이 고려되어야 하는데, 곧 '성경적인 교회관'에 초점을 맞출 것과 '성경적인 전제'를 유지할 것, 그리고 '성경적인 원칙'을 따를 것 등이다.

건강한 교회의 표준은 성경적인 교회 상이다. 큰 교회라고 해서 모두 건강한 교회는 아니다. 문제는 얼마나 '본질에 충실하고 있느냐?'이다. 건강한 교회는 그리스도의 이름으로 하나님을 섬기고, 여러 지체를 가진 통일된 한 몸을 가지고 하나님께서 지상에 주신 사명을 성취하기 위해 존재한다. 건강한 교회인지 아닌지의 기준은 누가 정하는가? 무엇이 건강한 교회의 기준이 되어야 하는가? 건강한 교회를 판단하고 평가하는 표준은 오직 성경밖에 없다.

주님의 교회를 세우는 사명을 가진 목회자는 목회 매뉴얼을 만들기 전에 '교회란 무엇인가?' '교회의 본질은 무엇인가?' '성경에서 말하는 건강한 교회의 기준은 무엇인가?' '교회의 사명은 무엇인가?'를 성경을 통하여 조명하고 알아보아야 한다.

① 교회의 정의

교회는 예수 그리스도를 믿음으로 영접하여 거듭난 성도들이 이 세상에서 복음을 증거할 목적으로 성령님에 의하여 예배, 교육, 교제, 전도, 선교 봉사, 섬김을 위하여 하나님 나라를 확장해 나가는 단체다.

② 교회의 본질

그리스도와의 연합이 교회론의 근본이다. 주님은 교회를 한 몸으로 표현하였다. 그리스도의 이름으로 부름 받아 그를 주로 고백하는 자들은 다 그리스도와 연합하여 그와 한 몸이 되어 한 교회를 이루었다. 이 그리스도와 교회의 연합 혹은 결합을 가리켜 신비한 연합이라고 한다. 그리스도와 한 몸을 이루어 몸의 주인인 그리스도의 뜻을 함께 이루어 내는 것이다. 주님이 교회를 몸이라고 하신 것은 신비한 표현이다. 몸은 하나이다. 유기적인 시스템이다. 역할과 사명이 다르다. 조직과 시스템이 서로 원활하게 움직여야 한다. 그러려면 컨트롤 타워 역할이 필요하다. 목회자는 그 컨트롤 타워 역할을 해야 한다.

③ 교회의 사명

교회의 사명은 영혼구원과 제자 삼는 것에 있다. 가정교회를 소개하는 최영기 목사님의 세미나에 참석한 적이 있다. 최영기 목사님은 "교회가 영혼구원을 하지 않으면 교회의 간판을 내려야 한다"고 제법 파격적인 말씀을 하셨다. 이유를 설명하셨는데 세탁소 주인이 세탁소에서 옷을 세탁하지 않으면 세탁소 간판을 내려야 하지 않겠는가? 교회에서 영혼구원은 세탁소에서 옷을 세탁하는 것과 마찬가지로 교회의 본질적인 사명임을 강조하셨다. 오른쪽 주머니에 있는 돈을 왼쪽 주머니에 가져왔다고 돈을 두 배로 벌었다고 생각하는 사람이 있는가? 오늘날 많은 교회들이 수평이동으로 교회를 성장시키고 있다. 그래서 최목사님은 어떤 교회에 대하여 물어보실 때 교회에 몇 명이 출석하느냐를 묻지 않고 이 교회에 몇 명의 침례 또는 세례를 주었는가를 물어 보신다고 하셨다. 참 의미 있는 이야기라고 생각한다. 교회의 본질적인 사명은 불신자를 전도해서 영혼 구원하는 것이고 그러한 영혼을 주님의 제자로 양육하는 것이다. 교회의 여러 사명이 있지만 가장 핵심적인 사명은 영혼구원과 제자 삼는 것이다.

④ 교회의 기능

성경에서는 교회를 하나님의 백성으로, 하나님의 가족으로, 그리스도의 몸으로, 하나님의 교회로 여러 모습으로 말씀하고 있다. 이 모든 것의 공통점은 공동체성이다. 구원은 예수님을 믿고 영접하는 자에게 은혜로 개인에게 주어지지만(엡 2:8, 9), 구원받은 사람은 하나님의 택함 받은 자로(엡 1:4) 주님이 세우신 교회 공동체를 이루게 된다. 그래서 한스 큉(H. Küng)은 교회를 하나님의 공동체라고 했다. 교회는 하나님의 택함을 받고 구원의 은혜를 입은 성도의 공동체이다. 즉 교회는 그리스도를 믿고, 그리스도 안에서 성결하고, 또 그들의 머리인 그리스도와 연결된 사람들의 모임이다. 머리인 그리스도와 연결된 몸으로서의 교회는 그리스도를 통해 생명을 공급받아 자라야 한다. 자라나지 않으면 몸으로서의 기능은 무의미해 진다. 머리와 지체의 관계는 에베소서 4:16에서 분명히 말한 것처럼 온 몸이 그 머리로부터 각 마디를 통해 도움을 입어 서로 연결하고 상합해서 장성해 나가는 것이다. 초대교회의 모습은 교회의 본질에 관련된 모델을 제시하고 있다.

교회를 기능적 측면에서 다루려는 시도는 결코 올바른 시도라고 할 수 없다. 그럼에도 불구하고 교회의 사명, 교회의 기능은 매우 중요하다. 교회의 역할이 중요한 이유에 대해 에릭슨은 다음과 같이 말한다.

"교회의 형태는 그 기능으로부터 결정되어야 한다는 입장은 비판받아야 한다. 그럼에도 불구하고, 교회의 기능은 매우 중요한 주제이다. 그 이유는 우리 주님께서 교회를 세우신 목적이 단순히 교회의 존재 그 자체에 있지 않았기 때문이다. 오히려, 교회는 그것을 향하신 주님의 의도를 성취하기 위해 세워졌다. 그 의도란 바로 교회가 세상에서 주님의 일을 계속하는 것, 즉 과거에 그가 하신 일을 영속시키고, 만일 그가 지금도 이 땅에 계신다면, 틀림없이 행하실 그 일을 하는 것이다."

교회의 기능적 측면, 즉 교회가 부름을 받은 교회의 사명이라고 하는 측면은 이런 점에서 건강한 교회를 위해 반드시 생각해 보아야 할 측면이다. 영혼구원과 제자 삼는 교회의 사명을 위하여 초대교회의 활동을 사도행전에서 살펴보자. 요약하여 설명하자면 그리스도의 십자가의 복음을 받아들인 성도들은 주의 이름으로 모이기에 힘썼고 그 모임이 교회가 되었다. 초대교회 성도들은 건강한 교회로 성장하며 그리스도의 몸을 세우는데 있어서 크게 5가지의 활동에 힘썼다.

첫째로 초대교회 성도들은 모일 때마다 하나님을 예배했다.
둘째로 초대교회 성도들은 서로 교제했다.
셋째로 초대교회 성도들은 흩어지면 전도했다.
넷째로 초대교회 성도들은 가르치기에 힘썼다.
다섯째로 초대교회 성도들은 선교와 구제 등 봉사에 힘썼다.

따라서 초대교회의 성도들이 함께 모여 힘썼던 교회의 5가지 기능이 교회를 세우는 본질적인 기능이며 역할이라 보고 나는 목회 매뉴얼을 만들었다. 성경에 나타난 교회의 사명은 영혼구원과 제자 삼는 것이고 주님이 원하시는 건강한 교회 즉 성령님으로 시작된 초대교회의 모습에서 5가지의 교회 기능이 나타났다면 우리도 그러한 5가지의 기능이 교회에서 균형 있게 나타나도록 목회해야 한다. 그것이 건강한 교회의 기준이다.

그런데 안타까운 것은 편식목회를 하는 분들이 많다는 것이다. 편식목회란 내가 좋아하는 목회적 기능에만 관심을 갖고 목회를 하는 것을 말한다. 기도만 중요시 하는 사람은 모든 교회의 중심을 기도에만 둔다. 교회의 프로그램도 기도중심이다. 교육만 중요시하는 목회자도 있다. 봉사에만 관심을 가지는 목회자도 있다. 선교와 구제에만 치중하는 목회자도 있다. 물론 목사님의 은사에 따라 어느 한쪽이 부각되고 그러한 한쪽 기능을 중점적으로 목회하여 영향력을 주는 교회들도 우리 주변에 있다. 그렇게 목사의 은사를 따라 교회가 성장하는 것은 아름다운 일이다. 그러나 내가 강조하고 싶은 것은 그럼에도 불구하고 목회자는 어느 다른 것도 소홀해서는 안 된다는 것이다. 주님께서 원하시는 교회가 이 5가지의 교회의 기능이 포함되어 있어야 한다면 목회자는 주님의 명령에 순종하여 교회의 기능 5가지를 다 중요하게 생각하고 함께 기능되도록 노력해야 한다.

건강한 교회가
목회 매뉴얼의 기준이 되어야 한다

건강한 교회의 특성은 무엇인가?

교회성장이란 단지 교회 건물을 높이 세우고 숫자를 늘리는 것이 아니다. 교회는 성경적 이해 위에 성장해야 한다. 현대교회 성장운동의 역사는 도널드 맥가브란 박사의 30여 년 동안 걸친 선교현장에서의 경험과 관찰로부터 비롯되었다고 할 수 있다. 그뒤를 이어 교회성장운동을 적극적으로 전개해 나간 인물은 피터 와그너다. 그런데 그들은 교회성장을 숫자로만 평가한다는 비판을 받아왔다. 숫자적 성장은 교회성장의 한 측면일 뿐 진정한 성장은 아니다. 진정한 성장은 성숙을 보장해야 한다. 성숙 없는 교회성장은 그 교회뿐만 아니라 다른 교회까지 해를 끼칠 수 있다.

현대 교회성장의 추세에서도 초기 교회성장학자들의 비슷한 관심을 찾아볼 수 있다. 교회의 본질보다는 사람들을 끌어 모으는 일에만 열중하는 소위 '묻지마 성장'을 자랑스럽게 말하는 교회들이 많다. 저자가 목회하는 곳에서 조금 떨어진 S 교회는 수년 만에 수 천 명이 모이게 된 교회이다. 신도시 입주 기간에 교회를 건축하여 주변의 성도들을 블랙홀처럼 빨아들인 것이다.

개척목회를 해 본 나로서는 그 이유가 어떠하든지 수년 안에 수 천 명의 성도를 등록시키는 것은 절대 쉬운 일이 아님을 잘 알고 있다. 나는 그저 상대적 열등감으로 바라만 보며 부러워할 수밖에 없었다. 그런데 그 교회의 금요철야에 참석해 본 우리 교회 성도님 한 분이 나에게 들려준 이야기를 듣고 나서, 나는 그 교회를 부러워하지 않게 되었다. 금요철야 시간에 이런 내용을 전했다고 한다.

"이 주변에 있는 목사들이 다 이곳 금요철야시간 마다 참석하여 나의 설교를 듣고 은혜를 받아야 한다. 왜 그렇게 그들의 교회가 부흥이 안 되는 줄 아느냐? 목사들이 은혜가 약하고 능력이 없어서다. 나처럼 능력 받으면 우리 교회처럼 부흥된다."

내가 직접 들은 이야기가 아니라 조심스러운 부분이 있다. 그러나 그분의 말이 사실이라면 정말 그 교회를 우려하지 않을 수 없다. 언젠가 어느 주일 여전도회장이 교회 오는 길에 그 교회 성도에게 전도를 받았다고 했다. 사실을 물어보니 본인은 "하나엘 교회를 다니고 있고 지금 교회에 주일 예배를 드리러 가고 있는 중입니다"라고 말씀을 드렸는데도 그분은 막무가내로 "우리 교회 한 번만 와서 우리 목사님 설교를 들어보면 생각이 달라질거예요. 한 번만 와 보세요"라고 했다면서 "목사님 그래도 되는 겁니까?"라고 볼멘소리로 말해주었다. 그래서 내가 여전도 회장님에게 "집사님 다음에 또 그렇게 전도하면 먼저 우리 하나엘 교회에도 한 번 와서 우리 목사님 설교도 들어 보세요. 그러면 등록도 하게 될 거예요"라고 대답하라고 일러 주던 때가 기억난다. 과정과 방법이 어떠하든 간에 많이 모인 교회는 성공한 교회인가?

많이 모이는 교회가 성장하는 교회이고 건강한 교회라고 단정 지을 수 없다. 반대로 적게 모이는 교회라고 반드시 병든 교회라고 할 수도 없다. 병든 교회의 특징 중의 하나는 '아이들 코스트'(idle cost)가 높다는 것이다. '아이들 코스트'란 설비 노동력이 충분히 활용되지 않음으로 생기는 손실을 말하는데, 활동이 없는 교회를 의미한다. 성숙을 목표로 하지 않고 교회의 숫자 성장만을 목표로 하여 수평이동을 통하여 성장한 교회는 아이들 코스트가 높을 수밖에 없다.

교회 성장학의 권위자인 엘머 타운즈(Elmer L. Towns) 박사는 바른 교회들은 건물이나 자산이나 인원 증가 중심의 프로그램으로 묶어두는 교회가 아니라 목표 설정을 분명하게 하며 기초가 단단한 교회라고 했다. 미국에는 개념적인 신자 혹은 추상적인 신자(notional Christian)가 44%라는 통계가 있다. 개념적인 신자란 내부의 변화가 일어나지 않은 겉모양만 크리스천인 신자를 말한다. 즉 교회에 다니기만 하는 신자

(churchgoer) 혹은 명목상의 신자(nominal Christian)다.

　교회가 추구하는 목표가 건물이나 수적인 성장에 치중하게 되면 방법적인 목회 형태를 유지할 수밖에 없고 급성장하는 초대형 교회의 목회 스타일을 모방하는 유혹을 뿌리치지 못하게 된다. 목회는 무조건 교회를 크게 만드는 것이 목적이 될 수 없다.

　목회는 어떻게 교회를 크게 만들기 위한 방법을 연구하는 것이 아니고 하나님이 세우기 원하시는 교회를 위하여 하나님의 뜻을 실천해 가는 것이다. 그러므로 목사는 건전한 신학적 토대위에 성경에서 말하는 교회가 무엇이며 어떤 가치와 목적을 두고 교회를 세워야 하는지에 대한 방향을 분명히 해야 한다. 교회 비전에 대한 정확한 의미를 발견하지 못하고 비전이 약하든지 분명하지 않을 때 목회는 방법적인 면과 테크닉에 끌려가게 된다. 물론 목회는 방법적인 면도 충분하게 개발되고 효과를 거두는 고도의 전략이 활용되어야 한다. 그러나 올바른 교회 비전없이 방법에 의존하게 되면 교회는 방향을 잃게 된다. 비전은 방향이다. 만일 교인 수 100명에서 200명, 500명, 1,000명, 10,000명을 계획하고 수적 돌파를 목표로 할 때는 수단과 방법을 가리지 않고 목표달성만 하면 된다는 식으로 밀어붙인다. 불신자를 전도하고 세상을 구원하는 근본적인 교회의 명령은 잃어버리고 이미 교회를 다니는 사람, 다른 교회에 나가는 사람도 데려다가 목표한 수를 채우는 것이라면 이미 그 교회는 비전과 방향을 포기한 것이다.

　비전 없는 성장에 대해 유진 피터슨(Eugene Peterson)은 "성공주의 목회라고 단정지으며 성공주의 목회를 포기하라"고 했다. 목회는 방법이 아니라 비전으로 해야 한다. 목회는 어떻게 교회를 크게 만들기 위한 방법을 연구하는 것이 아니고 하나님이 세우기 원하시는 교회를 위하여 하나님의 뜻을 실천해 가는 것이다.

맬퍼스는 "성장학자들이 주장하는 의견 중에서 교회가 3년 혹은 5년까지 성장의 패러다임을 유지하고 건강하게 자라는 교회는 약 3%에 불과하다"고 말했다. 그렇다면 나머지 97%의 교회는 왜 성장이 멈추고 쇠퇴하는 것일까? 바로 그 원인이 원리목회, 목적목회, 본질목회를 하지 않기 때문이라고 대답한다.

바울은 교회를 세울 때 지역과 상황에 따라 달랐지만 원리는 동일했다. 사도 바울은 에베소 교회에 보낸 편지에서 교회의 본질을 분명하게 말했다. "이는 곧 물로 씻어 말씀으로 깨끗하게 하사 거룩하게 하시고 자기 앞에 영광스러운 교회로 세우사 티나 주름 잡힌 것이나 이런 것들이 없이 거룩하고 흠이 없게 하려 하심이라"(엡 5:26-27). 교회는 깨끗하게 하고, 거룩하게 하며, 영광되어야 한다. 세상을 치유하고 크게 부흥하고 사람을 살리자는 교회의 주제들은 그리 중요한 것이 아니다. 가정 같은 교회를 세우거나 다음세대를 세우는 교회가 되는 것도 교회의 본질은 아니다. 교회는 예수님의 명령을 충실하게 이행하는 교회가 되어야 한다. 따라서 건강한 교회는 방법의 목회보다는 원리의 목회에 충실한 교회가 되어야 한다. 사도행전 2:42-47에 보면 초대교회의 가정교회의 핵심적 기능들에 대하여 잘 가르쳐 주고 있다. 이 말씀에서 초대교회의 핵심적인 기능 5가지를 발견할 수 있다. 그것은 예배, 양육과 제자화, 구제와 봉사, 성도의 교제, 선교이다. 초대교회에 나타난 교회의 기능이 공동체 안에서 자연스럽게 유기적으로 세워지는 공동체가 원리에 의한 목회의 결과이다.

 21세기의 화두는 성장하는 교회가 아니라 건강한 교회라고 이미 강조하였다. 자 그러면 건강한 교회는 어떤 교회인가? 옥정석은 "건강이란 단순히 질병이 없는 것을 의미하는 것이 아니라 신체적, 정신적, 사회적으로 안정된 밸런스를 갖춘 상태"라고 말했다. 또한 존 터너(John Turner)는 건강에 대해 "건강이란 인간과 환경과 하나님과 조화된 상태이며, 이런 조화를 이루면서 하나님의 주권 하에 사는 모습, 진리 안에 자유하고, 의(義) 안에서 평등하며, 사랑 안에서 평화롭게 생을 즐길 때 사회도 건강해진다"고 했다. 그러므로 건강이라는 것은 전인적이며 전체적인 질서를 따라 균형을 이루는 것으로 볼 수 있다.

 하나엘 교회의 모 집사는 식품영영학과를 졸업하고 초등학교에서 영양사를 하고 있다. 제가 그 집사님에게 "어떤 음식이 좋은 음식인가요?"라는 질문을 드릴 때마다 그분의 대답은 "좋은 음식 나쁜 음식은 따로 없어요. 다 좋은 음식이죠. 굳이 좋은 음식을 말하라고 한다면 김밥과 비빔밥이에요." 즉 밸런스 있는 음식이 건강한 음식이며 밸런스가 건강의 기준이 되는 것이다.

 스테폰 매키아(Stephen A. Macchia)는 건강한 교회를 세우는 비결에 대하여 하나님의 권능이 주시는 임재, 하나님을 영화롭게 하는 예배, 영적인 훈련, 공동체 안에서의 배움과 성장, 사랑과 관심이 넘치는 관계들을 맺고자 하는 열심, 청지기 지도력의 발달, 교회 밖에 대한 관심, 지혜로운 행정과 책임, 그리스도의 몸과의 네트워킹, 청지기 정신과 관용이라고 말한다. 권태경은 『건강한 교회의 9가지 특성』에서 건강한 교회는 강해 설교를 하는 교회, 바른 성경적 교리를 가르치는 교회, 복음에 기초한 교회, 회심을 경험한 교인이 있는 교회, 복음주의에 열정이 있는 교회, 교회 멤버십을 성경적으로 이해하는 교회, 직분자를 양육하고 세우는 교회, 성경적인 치리를 이해하고 시행하는 교회, 영적인 양육과 성장이 있는 교회를 들고 있다. 크리스티안 슈바르츠(Christian A. Schwarz)가 강조하고 있는 건강한 교회의 질적 특성 8가지는 사역자를 세우는 지도력, 은사 중심적 사역, 열정적인 영성, 기능적인 조직, 영감 있는 예배, 전인적인 소그룹, 필요중심적인 전도, 사랑의 관계라고 말한다.

    학자들의 의견을 종합해보면 건강한 교회는 첫 번째, 밸런스이다. 건강한 교회는 주님이 원하시는 성경에 나타난 교회의 기능들이 전부 조화를 이루고 밸런스를 갖추어 함께 서로 상통하고 유기적으로 활동한다는 것이다.

    두 번째는 같은 교회에 그 교인을 계속 유지시키는 것보다 그 교인의 훈련에 대해 더욱 많은 관심이 있다. 매우 실제적인 측면에서 건강한 교회들은 항상 제자 지향적인 결과를 얻게 하기 위하여 그들의 훈련과 교육 프로그램을 고려하게 된다. 필자가 볼 때는 건강한 교회를 소망하면서 교회에 제대로 된 양육프로그램이 없다는 것은 마치 자녀가 건강하게 자라기를 소망하면서 학교에 보내지 않는 것과 같다. 따라서 교회가 실제적으로 건강하게 성장하는 방법은 양적인 성장을 추구하되 균형을 유지하며 점차적으로 유기체적인 질적인 교회 성장을 계속적으로 이루어가는 것이다.

건강한 교회의 5가지 조건

교회는 하나님이 교회에 주신 원초적 사명을 발견하고 그것에 맞는 목표와 단계를 세워가며 교회가 가져야 할 기본적 사항들에 충실히 해나가는 것이 필요하다. 많은 교회들이 몇 가지 장점만을 강조한 채, 교회 성장의 불균형을 초래해서 성장하지 못하는 예를 많이 볼 수 있다.

『한국교회 미래 리포트』라는 책을 보면 명성훈 박사는 '하나님을 높이고 사람을 세우는 것'의 균형이 맞아야 한국 교회가 부흥한다고 지적하고 있다. 이성희 박사는 "성도들이 예배자가 되는 것뿐만 아니라 봉사자가 되도록 해야 한다"고 강조하고 있다. 예배와 소그룹의 균형에 대해서도 언급하고 있다. 건강하다는 것은 교회의 공동체적인 본질과 사명이 균형을 이루며 부흥하는 것이다. 살찐 것과 건강한 것은 다르다. 교인만 많다고 건강한 것이 아니다. 하드웨어인 건물도 중요하지만 소프트웨어와의 균형이 이루어져야 한다. 교회는 하나님이 교회를 세우신 목적에 따라 균형 있게 성장해야 한다.

건강한 교회의 조건들을 다양한 연구와 통계를 통하여 증명한 크리스티안 슈바르츠는 생명체의 원리를 다음과 같이 6가지로 나누고 있다.

① 상호 의존성으로 모든 부분이 다른 부분들과 연결되어 있는 복합적인 유기체로 교회를 이해해야 한다.
② 번식으로 번식될 수 있는 구조를 만들어 가는 것이다.
③ 에너지 전환으로 대항세력들을 제어하는 것이 아니라 적절히 그 힘을 이용하는 것이다.
④ 다목적으로 유기체가 자기 기능을 완수하게 되면 새로운 주기에 다시 통합되어 새로운 기능을 수행한다.
⑤ 공생으로 상호유익을 얻기 위해 서로 다른 유기체들이 밀접하게 연합하는 것이다.
⑥ 기능성으로 건강한 유기체는 자신의 건강에 유익하지 않는 것들은 자동적으로 거부한다.

따라서 이러한 생명체의 원리를 따라, 교회의 주인 되신 예수 그리스도의 교회를 세운 목적을 알고 그 목적을 이루기 위한 사명에 충실해야 한다. 교회가 교회의 사명을 감당하지 않는다면 교회는 그 존재 이유를 상실한 것이다. 교회는 교회 사명의 성취를 통해 교회의 존재 가치를 증명해야 한다.

사도행전과 초대교회에 나타난 교회의 본질적인 사명을 감당할 수 있도록 필요중심적인 전도, 평신도 지도자 양성, 소그룹 활성화, 영적 성숙을 위한 훈련 프로그램 및 은사확인과 배치를 살펴봄으로써 건강한교회의 5가지 조건을 생각해보자.

① 필요중심적인 관계전도

맥가브란은 "교회는 자신을 위해 존재하는 것이 아니고 세상을 위해 존재하는 것이다. 교회는 다른 사람의 영혼을 구원하는 선교적인 사명을 감당하기 위해 세워졌다"고 말했다. 예수님은 지상명령이 성경에 기초한 것임을 분명히 밝히셨다(눅 24:25-27). 그런 후에 성경의 지시대로 복음이 전파되어야 한다는 사실을 강조하셨다(눅 24:47-49). 그러나 예수님의 전도는 주어진 상황과 여건마다 다르게 적용되었다. 그들의 처한 상황에서 필요를 채우심으로 하나님의 사랑을 증거하셨다. 예수님의 병 고침의 방법도 상황에 따라 다양하게 나타났다. 중풍병자에게는 말씀으로 명령하심으로 고치셨고(마 8:1-13), 열병을 앓는 자는 손을 만지심으로 고치셨고(마 8:14-17), 소경된 자에게는 눈에 침을 뱉어 흙을 발라 고치심(막 8:22-25)으로 다양한 접근방법을 따라 치료하셨다.

사도 바울도 고린도전서 9:19-23에 율법아래 있는 사람들에게는 율법아래 있는 사람같이, 율법이 없는 사람들에게는 율법 없이 사는 사람 같이, 약한 자들에게는 약한 자와 같이 되었다고 하는 것은 그들의 수준으로 내려가 복음을 전함으로 그들에게 효과적으로 접근하여 더 많은 사람을 구원하고자 함이라고 했다.

필요중심적인 전도는 불신자들의 필요를 파악해 그들의 필요를 채워주는 것에서부터 출발하기 때문에 더욱더 효과적이다. 필요중심적인 관계전도 방법은 필요를 채워줌으로 하나님의 사랑을 실천하는 전도를 말한다. 오스카 톰슨(W. Oscar Thompson)은 『관계중심전도』에서 "우리가 사용하는 언어에서 고유명사를 제외하고 가장 중요한 단어는 관계"라고 강조하면서 "관계라는 선로에서 사람은 그 위를 굴러간다. 관계를 통해 사람은 움직인다. 사람의 가장 깊은 열망을 만족시켜주는 것은 다른 사람과의 관계이다"라고 하였다. 전도는 우리의 입으로 예수 그리스도를 전하는 것만을 말하지 않는다. 우리의 모든 삶의 영역을 통하여 이웃과의 좋은 관계를 맺음으로 효과적으로 예수 그리스도를 증거 하는 것이 포함되어 있다. 복음을 전하여 예수 그리스도를 개인적 구주로 영접시키는 것이 전도의 목적이지만 우리의 삶을 통하여 감동을 주어 그들을 하나님께로 인도하는 중재자의 역할 또한 전도의 중요한 역할이 된다.

류익태 목사는 『평생 1명 전도법』에서 "전도는 혼자 하는 것보다 공동체 안에서 함께 협력하는 것이 효과적이다. 전도 대상자들을 곧바로 예배로 인도하면 좋겠지만 그들에게는 부담스러울 수 있기 때문에 교회의 구성원이 되기 위해서 하나의 징검다리가 필요하다"고 하였는데 "그 징검다리가 소그룹이 될 수 있다"고 하였다. 따라서 교회의 소그룹 활성화는 전도의 활성화로 이어질 수 있기에 소그룹의 역할은 관계전도를 위한 중요한 터전이 될 수 있다.

② 평신도 지도자 양성

성장하는 교회의 목사들이 일반적으로 쇠퇴해가는 목사들에 비해 '사역자를 세우는 일'에 큰 의미를 부여한다. 성장하는 교회의 지도자는 사역을 위해 다른 그리스도인들에게 기회와 권한을 부여하는 일에 열심을 낸다. 감독은 선수처럼 필드에서 뛰는 것이 아니라 선수들이 필드에서 잘 뛸 수 있도록 훈련시키는 사람이다. 목사의 역할은 성도를 온전케 하고 그가 봉사의 일을 하게 해서 그리스도의 몸을 세우게 하는 일이다.

"그가 어떤 사람은 사도로, 어떤 사람은 선지자로, 어떤 사람은 복음 전하는 자로, 어떤 사람은 목사와 교사로 삼으셨으니 이는 성도를 온전하게 하여 봉사의 일을 하게 하며 그리스도의 몸을 세우려 하심이라"(엡 4:11-12)

피터 와그너는 교회성장의 원리 7가지를 제시하였는데 그중에 하나를 살펴보면 "교회성장은 모든 성령의 은사를 개발하고 활용하는 잘 기동화 된 평신도가 있을 때 가능하다"고 했다. 건강한 교회의 목회자는 영적 잠재력을 개발하여 쓸 수 있도록 평신도들을 격려하고 동기를 부여하고, 훈련시키는데 주안점을 둔다. 평신도를 영적지도자로 훈련시켜 세우는 것은 성경적 원리이다. 모세가 장인 이드로의 제의를 받아들여 백성을 재판하는 일에 천부장과 백부장, 오 십 부장 십 부장을 세워 혼자 감당할 수 없었던 사역을 분담했던 것과 초대교회에서 성령과 지혜가 충만한 일곱 집사를 세워 사역을 분담하였던 것이 그 좋은 예다.

③ 소그룹 활성화

소그룹은 복잡하고 다변화되어가는 사회에 교회가 빠르게 대처하고 건강한 교회로 세워져 나갈 수 있는 중요한 대안이다. 소그룹은 개인과 개인의 만남을 통해 격려하며 돌보고 함께 신앙의 성숙을 도모할 수 있다는 장점이 있다. 오늘날 사람들은 익명의 사회에서 살고 있다. 우리는 이웃이 누구인지도 모른다. 가장 가까운 친구라 해봐야 직장 동료이다. 교회 안에도 개인 간의 친밀한 접촉을 회피하는 경향이 스며들었다. 사람들은 교회로 왔다가 집으로 돌아가는 일을 반복할 뿐 대화는 사실상 거의 없다. 안재은 교수는 "처음 생긴 예루살렘 교회는 다 함께 성전에 자주 모였지만 실제적인 성도의 교제와 새 생명의 기쁨을 맛볼 수 있었던 곳은 가정단위로 모이는 소수의 그룹이었다"고 말하고 있다.

소그룹은 대그룹에 비해 소속감과 친밀감을 폭넓게 줄 수 있다는 특징이 있다. 따라서 신자들의 신앙을 성숙시키고 삶의 변화를 목적으로 하는 성경모임은 소그룹 형태를 취하는 것이 효과적이다. 또한 소그룹은 치유의 목적에도 유용하다. 스캇 펙(Scott Peck)은 "서로 간에 솔직한 대화를 나누는 공동체는 평온을 가장한 허물을 벗어버리고 보다 깊은 관계를 형성하여 함께 기뻐하고, 함께 슬퍼하며, 남의 일을 자기 일처럼 여기는 의미심장한 헌신적인 삶으로 발전시켜 나간다"고 했다. 소그룹은 '혼족'들이 늘어나고 있는 이 시대에 사람들을 자원해서 지속적으로 모이게 하는 동기를 제공한다.

하워드 스나이더(Howard Snyder)는 소그룹의 장점들을 6가지로 들고 있다. 첫째, 소그룹에는 융통성이 있다. 모임의 순서를 변경하여 참석자들이 필요를 채운다. 둘째, 소그룹에는 이동성이 있어 모임장소에 매이지 않는다. 셋째, 소그룹에는 수용성이 있다. 모든 사람들에게 개방적이다. 넷째, 소그룹은 인격적이다. 모임에 헌신한 사람들의 필요를 채워줄 수 있다. 다섯째, 소그룹은 모험적이다. 서로간의 있을 수 있는 갈등이나 부딪힘을 통하여 자신뿐만 아니라 다른 사람들의 모습을 새로이 발견해 가면서 성장해 갈 수 있다. 여섯째, 소그룹은 복음 전도를 위한 최상의 방법이다.

건강한 교회는 단순히 소그룹이 있는 교회가 아니라 소그룹으로 이루어진 교회라 할 수 있다. 주일에만 교회 가는 것으로 만족해하는 명목상 그리스도인들이 늘어나는 이때에 교회는 성도들을 교회와 주님 앞에 헌신된 일꾼으로 세워갈 수 있도록 소그룹을 활성해야 한다.

④ 영적성숙을 위한 훈련 프로그램

교회가 건강하기 위해서는 훈련 프로그램을 통한 노력이 반드시 이루어져야 한다. 릭 워렌(Rick Warren)은 『새들백 교회 이야기』에서 "21세기 교회의 핵심 이슈는 교회성장이 아닌 교회의 건강이다. 그리고 건강한 교회는 성장한다"고 하였는데 그러한 건강한 교회를 위해서는 교회 내에 영적으로 어린 단계에 있는 성도들을 위한 훈련 프로그램이 반드시 있어야 함을 강조하였다.

교회내의 영적성숙은 단회적으로 이룰 수 있는 것이 아니다. 또 구원 받은 다음에 주일성수를 잘하고 평생 교회생활을 할지라도 영적으로 어린 아이로 남아 있을 수 있다. 오래 된 교인이 성숙한 교인인 것은 아니다. 교회는 거듭난 신자를 반드시 다음 양육단계 프로그램에 들어가서 교육을 받게 해야 한다.

영적 성장은 우리가 의도적으로 원해야 이루어 나갈 수 있다. 여기에는 헌신과 노력이 따른다. 양육체계는 처음으로 신앙생활을 시작한 교인이 신앙과 생활과 사역 면에서 성숙한 성도가 되기까지 거쳐야 할 신앙성장의 과정이 있어야 한다.

양육은 각 과정마다 신앙성장 과정에 알맞은 내용과 일정기간 동안 배우고 훈련받도록 단계적으로 계획된 커리큘럼으로 모든 교인을 참제자로 성장하도록 계획된 목회사역의 필수적인 도구이다. 복음의 은혜를 받음으로 하나님 나라에 대한 비전을 꿈꾸는 성도들에게 영적성숙을 위한 훈련 프로그램을 통하여 적절한 훈련과 기회가 주어진다면 교회의 잠재적 자원뿐만 아니라 교회 성장의 훌륭한 일꾼이 된다.

슈바르츠는 "건강한 교회는 사역의 책임과 권위를 목사와 그의 목회팀에게만 전적으로 부과하지 않고 교인 중 많은 사람들이 리더십을 갖도록 그들에게 권한을 부여한다는 것에 주목한다"고 하였다.

그러므로 건강한 교회의 모습은 항상 능력 있는 제자를 얻을 수 있는 목회구조를 가지고 있어야 한다. 교회가 실제적으로 건강하게 성장하는 방법은 질적·양적인 성장을 추구하면서도 그 균형을 유지하며 유기체적인 교회성장을 이루어가야만 한다. 교회는 하나님의 일을 위해 사람을 키우고 세워야 한다. 만약 교회에 사람을 키우는 양육프로그램이 없다면, 성경적인 건강한 교회가 되지 못 할 것이다. 왜냐하면 양육 받지 못한 사람이 교회의 직분을 맡으면 교회는 건강해지는 것이 아니라 병들기 시작하기 때문이다. 따라서 교회가 등록한 새신자를 환영함과 동시에 단계적으로 양육하여 성숙한 성도가 되기까지의 양육체계를 갖추는 것은 선택사항이 아니다. 전인격적인 성숙을 꾀하는 튼튼한 양육체계가 필요하다. 영적으로 균형 잡힌 사람들을 세우기 위한 건강한 양육체계는 교회성숙을 위해 절대적으로 필요하다.

그러므로 목회자는 무엇보다도 성도들의 영적성숙을 도와야 한다. 마치 어린아이가 어머니의 지속적인 양육을 받으며 성장해 가듯 성도들이 복음의 은혜를 받고 자랄 수 있는 든든한 훈련 체계를 마련해야만 한다.

⑤ 은사 확인과 배치

오성춘은 〈교회활성화의 기본구조에 관한 연구〉에서 "교회의 사명 가운데 아주 중요한 것들 중에 하나는 전교인을 모두 그가 받은 은사와 재능에 따라서 훈련시켜 온전히 봉사할 수 있게 하여야 한다"고 했다. 즉 교회의 사명은 성도들의 은사를 확인하고 그 은사에 맞게끔 적절하게 봉사하도록 배치하는 것이다.

교회는 하나님의 부르심을 받은 모든 백성들로 구성되며 그들 각자는 하나님께서 부여하신 서로 다른 은사들을 갖고 자신의 사명을 다하는 모임이다. 주께서 교회를 세우시고 영적 은사를 주시는 것은 그 은사를 적절하게 활용하여 건강한 교회로서 사명을 감당하도록 하는 것임을 알 수 있다. 영적은사란 성령께서 하나님의 은혜를 따라 그리스도의 몸 안에서 사용하도록 그리스도의 몸 된 교회의 모든 구성원에게 주시는 특수한 속성이다.

하나님은 사람들을 구경꾼으로 그리스도의 몸에 보내지 않으셨다. 우리 육체의 각 지체가 몸 전체의 건강에 기여하듯이 하나님께서는 교인들이 교회생활과 교회 일에 참여하기를 기대 하신다. 실제적으로 일반 성도들은 전문적 특성들을 다양하게 가지고 있다. 목회자는 모든 부분에 전문가가 될 수 없다는 현실적인 한계를 인정하여야 한다. 목회자가 채울 수 없는 교회의 필요에 대해서 일반 성도들은 자신들의 은사로 협업해야 한다.

하나님이 다양한 은혜와 은사들을 몸 된 교회에 주신 이유는 서로 협력하여 그리스도의 충만하심을 반영하는 성숙함에 이를 수 있도록 하기 위함이다. 건강한 교회는 은사에 따라 사역한다. 그리스도인의 삶을 사는 데 가장 큰 영향을 미치는 것은 바로 자신의 영적은사를 따라 사는 것에 달려 있다.

랄프 네이버(Ralph W. Neighbour)는 "교회는 은사에 관심을 가져야 하고, 은사가 발휘될 수 있는 토양을 만들어 가는 것이 중요하며, 더 나아가 각자가 가지고 있는 은사를 발견하도록 돕고, 발휘할 수 있도록 해야 하며, 은사발휘를 통하여 교회가 건강하게 세워지도록 해야 한다"고 말했다. 따라서 은사의 사용은 교회 안에서 균형있게 조화를 이루어 교회의 덕을 세우는 것이 되어야 한다.

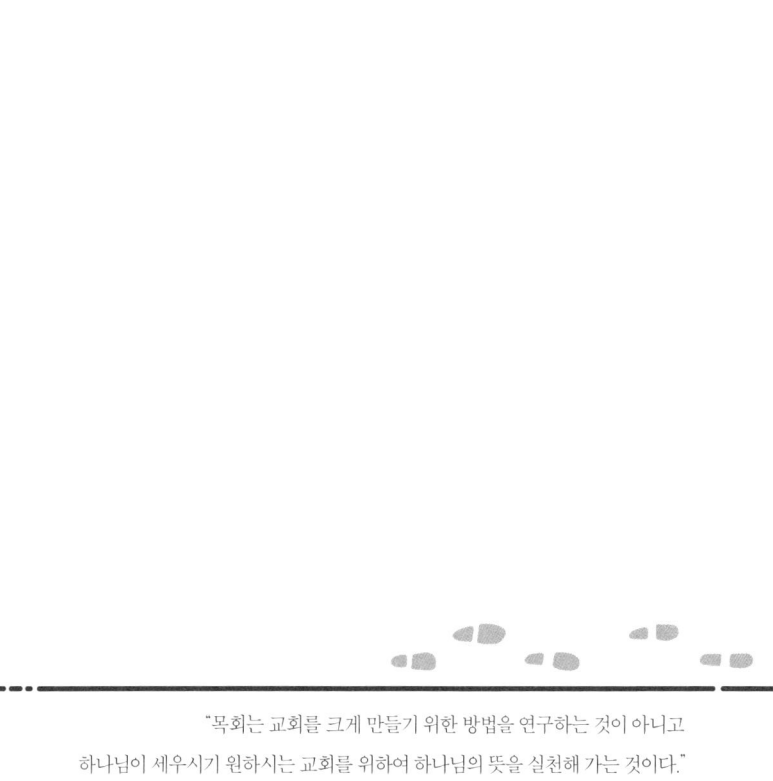

"목회는 교회를 크게 만들기 위한 방법을 연구하는 것이 아니고
하나님이 세우시기 원하시는 교회를 위하여 하나님의 뜻을 실천해 가는 것이다."

"교회는 하나님이 교회에 주신 원초적 사명을 발견하고 그것에 맞는 목표와 단계를 세워가며 교회가 가져야 할 기본적 사항들에 충실히 해 나가는 것이 필요하다."

manual 3

하나엘 교회의
목회
매뉴얼

목회 초창기의
어려움

나는 고등학교 1학년 때 극적으로 예수님을 영접하고 3학년 때 주의 종으로 부름을 받았다. 신학교를 졸업한 후 서울 논현동에 있는 강남중앙침례교회에서 8년 동안 부교역자 사역을 하였다. 강남중앙침례교회는 한국에서 가장 큰 기도원인 양수리 수양관을 부설로 가지고 있는 대형교회이다. 그러한 교회에서 교구 교육 목사를 담당하면서 어느 정도 사역의 결실이 있었다. 그러던 어느 날 교회개척에 대한 하나님의 부르심이 있어서 순종을 하고 강남중앙침례교회의 개척 후원으로 2001년 11월 18일 용인시 상갈동 그린빌 프라자 상가 5층에서 교회개척 첫 예배를 드렸다. 강남중앙침례교회의 사랑과 헌신으로 장소는 주어졌지만 준비된 개척 멤버가 없었기에 아내와 둘이 시작해야만 했다. 흔히 '개척 때는 하나님의 은혜가 더 크다'는 말이 있듯이 첫 예배를 드린 그 다음 주일 날에 강남중앙침례교회에서 신앙생활하다가 용인 양지로 이사를 오게 된 정준교, 이은경 집사 부부가 등록을 하게 되어 1호 등록 집사가 되었다.

개척 때는 1년 동안 오직 전도에 힘썼다. 아파트 축호전도도 쉽지 않았고 노방전도도 쉽지 않았다. 그래서 생각해 낸 것이 주변 아파트 3,000세대에 1년 동안 주보를 배달하는 것이었다. 주보를 크게 만들어 1면에 목회 칼럼을 써서 1년 동안 꾸준히 돌리다 보면 구독자가 생길 것이고 그것이 연결고리가 되어 전도까지 가능하겠다는 생각을 가지고 주보인쇄기를 구입하여 매주 3,000부의 주보전도지를 만들어 아내와 신문배달 하듯이 아파트에 주보를 돌렸다. 기도하는 마음으로 1면 목회 칼럼 부분에 전도의 내용과 함께 감동적인 이야기들을 적어 거의 매주 아파트에 전단지 붙이듯이 돌리고 다녔다. 사실 목사가 주보를 들고 아파트 현관마다 전단지 붙이듯이 붙이는 것이 쉬운 일은 아니었다. 몸이 힘든 것보다 마음이 힘들었다. 주보를 돌리다가 누구와 맞닥뜨리게 되면 창피하여 먼저 피하는 사람은 나였다. 그래서 사람들이 잘 다니지 않는 밤 10시부터 주보를 돌린 적도 많았다. 나와 함께 주보 배달에 힘써 준 아내가 고마울 따름이다. 암튼 1년 동안 기회가 되면 노방전도, 문화교실 등 전도를 위해 에너지를 쏟았다. 개척 1년이 지났을 때 40명의 성도가 등록되어 있었다.

그러나 그 당시 나의 마음은 지칠 대로 지쳐 있었다. 문제는 어떻게 해야 할지 어디서 손을 써야 할지 어떤 목회의 그림을 그려야 할지 전혀 준비가 안 된 상태였다. 그 당시 내가 하는 모든 목회는 강남중앙침례교회의 프로그램을 그대로 따라서 하는 것이었다. 즉흥적으로 그때그때 필요한 프로그램을 도입하여 목회에 적용하느라 힘을 썼지만 목회철학에 의한 분명한 목회계획과 사역방법에 대한 그 어떤 매뉴얼도 전혀 준비되지 않았음을 목회 2년이 지나고 나서야 알았다.

대형교회의 부목사로 사역을 하다가 개척교회 담임목사 사역은 그야말로 상황이 많이 달랐다. 개척목회자의 업무는 정기적인 교회청소 및 관리까지 책임져야 한다. 50평의 교회당이었지만 교회당을 관리한다는 것도 만만한 일은 아니었다. 아내와 함께 매주 화장실에 휴지 및 비누 장착을 비롯하여 예배 전 강단부터 교회당을 항상 깨끗하게 유지한다는 것도 많은 시간을 할애하였다. 토요일은 주보 만드는 일만 해도 하루가 간다. 그런데 이런 일은 그래도 할만했다.

문제는 설교였다. 3개월이 지나니깐 그동안 부교역자 때 준비한 설교의 총알이 다 없어졌다. 일주일에 5번의 새벽예배 설교와 수요예배, 금요철야 설교, 주일대예배 설교를 준비하고 전해야 하였는데 그 당시 나의 심정은 한마디로 설교 준비에 치여 죽을 것 같은 심정이었다. 설교준비만 해도 한 주간의 시간이 모자랄 판이었다. 그런데 개척교회 목사는 설교 사역만 할 수 있는 것이 아니다. 새벽기도 차량운행은 물론이고 수요, 금요, 주일예배 모든 시간 차량운행을 하여야 한다. 물론 이러한 부분에 아내가 도와주긴 했지만 역부족이다. 그것뿐인가? 학생회, 주일학교도 운영해야 한다. 교사도 없다. 혼자서 북 치고 장구 치고

1인 10역을 해야 하는 상황이다.

당시에 순복음교회에서 성가대 지휘를 했다는 모 집사님이 등록을 했다. 마치 성가대 지휘자가 필요한 터인지라 성가대 지휘를 부탁드렸고 주일 예배 전에 찬송인도도 부탁을 드렸다. 문제는 이분이 술을 좋아하시는 지라 토요일 술을 드시면 주일 날 강단 위는 술 냄새로 진동했다.

여전도회장과 부회장이 작은 일로 다퉜다. 한 주내에 둘 다 교회를 떠나겠다고 연락이 왔다. 여전도회장은 "부회장이 나가야 교회를 다시 나오겠다"고 하였고 여전도회 부회장은 "회장이 있는 한 교회는 나오지 않겠다"고 한다. 토요일 저녁에 설교도 완성하지 못한 상태에 두 군데 심방을 갔지만 이분들의 의지는 완고하였다.

작은 분식가게를 운영하는 집사님이 교회에 등록하여 하나엘 멤버가 되었다. 그런데 그 당시 나는 내심 그분에게 못 마땅한 감정이 있었다. 이유는 너무 무례하다는 생각이 들었기 때문이다. 구역예배를 드리면서 제가 "찬송 몇 장을 부릅시다" 그러면, 이분은 "목사님, 그 찬송 싫어요 이 찬송 불러요." 그리고 그 찬송을 부르고 나서 설교를 하려고 하면 "한 장 더 불러요" 하곤 했다. 찬송을 한 장 더 부르자는 것은 괜찮았다. 그런데 그 말투가 마치 명령하는 것처럼 들려 매우 불쾌했다. 그날도 나의 마음은 이런 집사님의 행동에 민감해져 있었다. 나는 예배를 드리다가 그 자리에 일어나서 큰소리로 "당신 집사 맞아요? 왜 이렇게 무례 합니까? 예배는 목사가 인도하는 것인데 왜 이래라저래라 합니까?"

라고 소치치고 말았다.

    3분 동안 그 동안의 감정이 말로서 쏟아져 나왔다. 정신을 차리고 둘러보니 아내는 옆에서 울고 있었다. 함께 예배에 참석한 집사님들은 '목사님이 갑자기 정신이 이상해졌나?' 하는 표정으로 쳐다보고 있었다. 예배를 마치지도 못하고 허겁지겁 그 자리를 나왔다. 아내는 아무 말 없이 눈물만 글썽거리고 있었다. 무례한 집사님에게 미안하다는 생각보다 아내에게 미안한 마음이 들었다. 하루가 지나고 나서 집사님이 일하고 계신 분식점을 찾아가 사과를 드렸다. 그 집사님은 의외로 웃으면서 이해한다고 하셨다. 그러나 그 다음 주부터 그 집사님을 교회에서 뵐 수 없었다.

    분당 구미에서 이사 와서 하나엘 교회에 주중예배에 나오는 집사님이 있었다. 이분은 ○○교회라고 분당에 꽤 큰 교회를 다니는 분인데 거리가 멀어서 주중예배는 우리 교회로 나오고 있었고 앞으로 이 곳으로 교회를 옮기려고 하는데 잘하면 하나엘 교회에 등록도 할 수 있다는 암시를 주시기도 하였다. 그런데 이분은 예배가 끝나면 남아서 꼭 목회 훈수를 해 주셨다. "목사님 교회가 성가대가 있어야 해요", "목사님 주일학교가 잘 되어야 해요", "전도팀이 있어야 해요"하면서 본인이 다니는 ○○교회가 얼마나 괜찮은 교회인지 매주 나에게 친절하게 설명해주었다. 마음속으로 "나도 부교역자 때 다닌 교회는 ○○교회보다 10배나 많은 것을 갖춘 교회입니다. 지금 나 혼자서 목회하는데 누구는 그런 것을 안 하고 싶어서 그런 줄 아세요 그런 자랑질하지 말고 우리 교회에 와서 좀 봉사나 하시고 도와 주세요"라고 말하고 싶었지만 더욱 안타까운 것은 이 집사님의 목회 훈수에 뭐 특별히 할 말이 없다는 것이었다.

어느 날 집사님의 훈수에 지친 나는 "예 그렇군요"라는 영혼 없는 대답을 넘어서 논쟁 아닌 논쟁을 하였고 신경질적으로 반응하는 나의 모습에 실망을 하고 그날 이후로 우리 교회에 나타나지 않았다.

지금은 목회 매뉴얼을 통하여 계획된 목회를 하고 있기에 나름 이런 대처를 잘 할 수 있는 지혜를 가졌지만 목회 초기에 준비 없는 목회를 할 때는 참 쉽지 않았다. 그때그때마다 필요한 여러 가지 프로그램도 도입해보고 나름 최선을 다하여 목회를 하였지만 바로 열매가 나타나지 않으면 중단하고 또 다른 프로그램을 도입하여 목회를 하는 시행착오가 계속 되풀이 되었다.

그때 어느 집사님으로부터 받은 별명이 "우리 목사님은 그때그때 달라요"였는데 이런 말을 들어도 달리 해명할 도리가 없었다.

좌충우돌 시행착오 초보운전의 목회를 하면서 한 가지 깨달은 것은 담임목회를 하는 목사로서 목회에 대한 사전준비가 없었다는 것이다. 설계도 없이 집을 짓는 다고 가정해보자. 그 집을 완공하기 까지 얼마나 많은 어려움이 있겠는가? 이러한 뼈아픈 시행착오를 거쳐 지도자로서 목회자는 목회 매뉴얼을 설정하여 교회와 성도에게 목회철학을 공유하며 나아갈 분명한 방향제시를 하는 것이 얼마나 중요한지 깨닫게 되었다.

조금 전에 예를 든 분당 ○○교회의 집사님은 분명 개척교회를 안타까워하고 나를 도우려고 한 것인데 이분을 담을 그릇이 준비되지 못하였던 것이다. 만약에 이렇게 하였다고 가정해 보자. "집사님, 아 그렇군요. 개척 교회에 관심을 가져주셔서 감사합니다. 그런데 집사님, 염려 마세요. 저에게도 앞으로 목회 계획이 있습니다. 제 목회 비전과 계획을 한번 들어주세요." 그리고 멋지게 만들어 놓은 목회 매뉴얼의 도식을 보여주는 것이다. "우리 하나엘 교회가 앞으로 어떤 교회가 될 것이고 나는 어떤 계획을 가지고 있고 이러한 목회 계획을 시행하기 위하여 나는 1단계 이렇게 시행할 것이고 2단계 이렇게 시행할 것입니다. 저는 이러한 교회를 꿈꾸고 있습니다. 집사님 하나엘 교회를 위하여 기도해주세요."

　분명 상상하기는 그 다음부터 적어도 더 이상 목회 훈수를 두지는 않을 것이고 어쩌면 하나엘 교회에 등록하여 교회를 세우는 데 동역자가 되었을 수도 있었을 것이다. 개성이 강한 성도들을 대할 때 목회자는 참 힘들다. 그런데 지난 16년 목회를 해오면서 내 나름대로 느낀 결론은 개성이 강한 성도들은 모두 나름 장점도 있는데 숨겨진 삶의 에너지가 있다는 것이었다. 그래서 이러한 에너지를 잘 준비된 목회 매뉴얼을 통하여 헌신하게끔 하면 놀라운 결과가 나타나는 것이었다. 또한 불신자이거나 아직 믿음이 성숙치 못한 분들이 교회에 나오면 이분들을 미리 준비한 양육프로그램으로 일대일로 양육해 나가면 한사람씩 주의 제자로 세워지게 될 수 있는 것이었다. 사실 교회가 어느 정도 성장하면 담임목사가 일대일 또는 적은 인원에게 양육 훈련을 집중해서 해 나가기가 어렵다. 그러나 개척 때는 상당히 쉽다. 나는 개척목회를 할 때 양육 프로그램은 어느 정도 성경공부를 할 수 있는 멤버가 구성되었을 때 시행할 수 있다고 생각해서 우리 교회에 맞는 양육 프로그램을 준비해 놓고 있지 못한 상태였다. 그러니 믿음 약한 성도들이 조그만 일로 시험이 들거나 갈등이 있으면 교회를 떠나는 일은 지극히 당연한 일이었다.

이러한 초기 목회의 시행착오를 통해서 '주의 장막비전'이라는 목회철학이 담긴 매뉴얼이 만들어지게 되었다. 이 매뉴얼을 성도들과 공유하였더니 점차 시행착오가 줄어들기 시작했다. 그 결과로 지금은 매우 건강한 형태로 성장하게 되었다. 건강한 목회와 교회성장을 위해서 목회자는 반드시 성경에서 제시하는 바른 교회론으로 교회 상황에 적절한 목회 매뉴얼을 준비하는 것이 무엇보다 우선임을 알게 된 것이다. 의사가 치료의 원리와 기술을 가지고 각 환자 처방을 다르게 하듯이 목회도 목회의 환경, 담임목사의 리더십과 기질에 따라서 다르게 처방해야 한다고 본다. 그래서 목회자는 목회 상황을 정확히 진단하고 지혜롭게 처방할 수 있는 실력을 갖추어야 한다.

하나엘 교회
목회 설계도

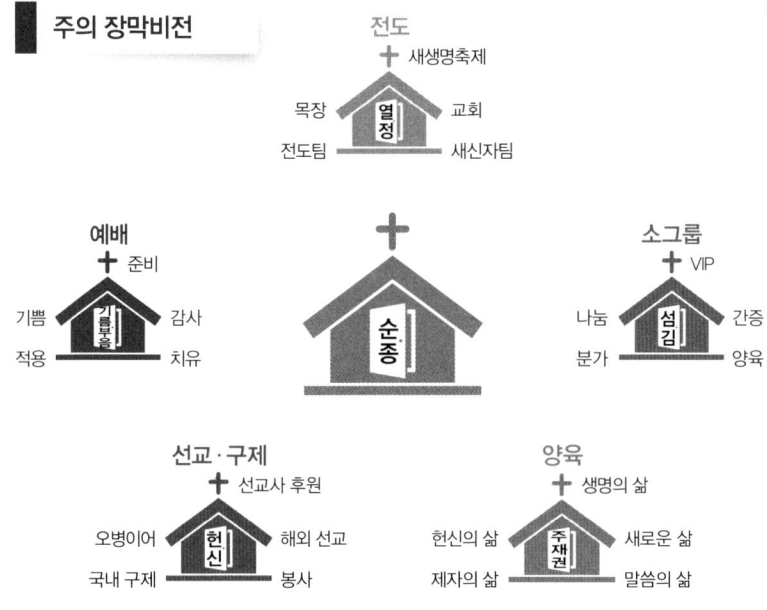

　　목회적 시행착오를 겪으면서 우리 교회에 맞는 목회 설계도의 필요성을 절감하게 되었다. 내 몸에 맞는 목회, 우리 교회의 상황에 맞는 목회는 무엇인가? 성서적 목회의 원리와 본질을 벗어나지 않고 교회의 현실과 상황에 맞춘 건강한 목회를 하기 위해서 필요한 전략과 시행지침

서는 무엇인가?

다윗이 사울의 갑옷을 던지고 본인에게 맞는 옷을 입고 물맷돌을 가지고 나간 것처럼 현재의 목회적 상황에서 내 몸에 맞는 목회 매뉴얼을 만들어야겠다는 다짐 아래 하나엘 교회의 목회 매뉴얼이 만들어졌다. 하나엘 교회의 목회 매뉴얼을 소개하는 이유는 하나엘 교회 목회 매뉴얼이 대단하거나 특별하거나 독특해서가 아니다. 누구에게 자랑스럽게 소개할 만한 것도 아니다.

그럼에도 불구하고 목회 매뉴얼을 소개하는 이유는 목회 매뉴얼이 없었을 때의 목회와 매뉴얼을 통한 목회의 결과가 너무나 큰 차이를 가져다주었기 때문이다. 한 사람이 교회에 나오게 되면 하나님과의 올바른 관계를 통해 하나님께 영광을 돌릴 수 있도록 해야 하는데 이것은 체계적인 목회 시스템을 통해 균형 잡힌 건강한 교회를 만들어 갈때만이 가능하다. 건강한 교회를 위한 목회 매뉴얼의 중요성을 뒤늦게 깨닫고 현장목회에 적용하면서 만들어진 것이 하나엘 교회의 목회 매뉴얼인 '주의 장막비전'이다.

주의 장막 이름의 근거

주의 장막이란 시편 84:1에 "만군의 여호와여 주의 장막이 어찌 그리 사랑스러운지요"라는 말씀에 근거하여 신약의 교회를 상징하는 모델로 만들어졌다. '주의 장막'에 해당하는 히브리어는 '미쉬케 노테카'로서 '당신의 장막들'(thy tabernacles, KJV)이라는 복수이다. 여기서 '장막'

(미쉬칸)이란 '주거', '막사'란 뜻을 가진 말로 흔히 '성막'이란 말로 번역되기도 했다(시 78:60; 출 40:2, 35, 36, 38; 민 9:15, 17, 18). 본문에서는 다윗이 하나님의 언약궤를 안치한 장막이나(삼하 6:17), 솔로몬이 지은 하나님의 성전(왕상 6:1-8)을 가리키는 것으로 보인다. 그런데 저자가 본문에서 이를 복수로 표현한 것은 하나님의 성전(또는 성막)의 세분화된 건물이나 부속 건물들을 포함하는 의미이거나(Alexander), 혹은 하나님의 성전(또는 성막)에 대한 강조 표현에서(Anderson) 언급된 것으로 볼 수 있다. 한편, 저자가 하나님의 장막을 극히 사랑하는 것으로 표현한 것은 그곳이 하나님이 거하시는 처소가 되기 때문이다. 구약성경에서 하나님은 하나님의 성전, 좀 더 구체적으로 말하면 성전의 지성소 내에 안치된 법궤 위 속죄소 위에 임재하시어 이스라엘과 함께하시며 그들을 통치하시고 그들로부터 영광과 존귀를 받으시는 분으로 묘사되고 있다(출 25:18-22; 왕상 8:13, 29).

주의 장막비전은 주의 장막을 교회 모양으로 단순화시켜 시각화했다. 주의 장막에 들어가는 문은 상징적인 단어를 통해 이미지화했다. 먼저 도표의 중간에 있는 큰 그림의 장막은 하나엘 교회를 이미지화했고 하나엘 교회를 세우기 위해서 문을 열고 들어가야 할 이미지화 된 단어는 순종이다.

베드로가 "주는 그리스도시오 살아 계신 하나님의 아들이나이다"(마 1:16)는 고백에 그리스도께서 "내가 이 반석 위에 내 교회를 세우리라"고 하셨는데 "주는 곧 그리스도"란 말씀은 십자가에서 죽으신 예수님을 내 인생의 주인으로 삼고 그리스도의 주재권을 인정하고 순종하는 자들에 의해 교회가 세워진다는 뜻이다.

순종의 기초로 세워진 장막에 5가지 기둥이 있다. 주의 장막의 중심에는 순종이 있고 이것을 5개의 작은 장막으로 세분화하였지만 연결된 구조로 디자인하였다. 5가지의 장막은 마치 교회를 세우는 기둥과 같은 역할을 하고 있다. 오각형의 주의 장막비전의 그림에 5가지 각은 주의 장막을 세우는 기둥과 같은 것이다. 5가지 중심가치를 작은 주의 장막 그림으로 이미지화했는데 장막 그림 위에 장막의 이름이 교회의 본질로 생각하는 단어들이다. 성서적 교회를 세우기 위하여 필요한 교회의 5가지 중심가치 즉 전도·예배·선교·구제·소그룹, 그리고 양육이다. 작은 주의 장막도 동일한 방법으로 문을 그려놓고 그 장막을 세우기 위한 핵심 단어를 이미지화했다. 전도는 열정이 있어야 하고 예배는 성령의 기름부음이 있어야 하고 소그룹은 리더들의 섬김이 있어야 하고 선교와 구제는 헌신이 있어야 하며 양육은 주재권을 인정하는 것을 목표로 해야 한다.

'주의 장막비전'의 중심에는 순종이 있다

크리스티안 슈바르츠는 건강한 교회의 질적 특성 여덟 가지를 강조하였는데 그것들은 사역자를 세우는 지도력, 은사 중심적 사역, 열정적인 영성, 기능적인 조직, 영감 있는 예배, 전인적인 소그룹, 필요중심적인 전도, 사랑의 관계이다. 하나엘 교회의 '주의 장막비전'에 비교해 보면 은사 중심적 사역은 헌신을 통한 선교에 비교할 수 있고, 영감 있는 예배는 기름 부음 받은 예배에 해당되고, 전인적인 소그룹은 섬김을 통한 소그룹에 해당하고, 필요중심적인 전도는 열정적인 전도에 해당하고, 사랑의 관계는 섬김을 통한 소그룹으로 비교할 수 있다. 또한 주의 장막 매뉴얼 자체가 기능적인 조직을 세우는 역할을 하고, 체계적인 양육과 소그룹 지도자를 양성하는 부분은 사역자를 세우는 지도력에 동일한 기능을 가진다고 볼 수 있다.

하나엘 교회의 '주의 장막비전' 양육프로그램과 목장 소그룹 사역은 새신자가 교회에 들어와 전인격적인 성장과 성숙을 만드는 순기능 역할을 하고 있다. 건강한 교회를 강조하는 몇몇 학자들의 특성들에 비추어보았을 때 하나엘 교회의 목회매뉴얼 '주의 장막비전'은 성경적인 토대와 교회의 본질에 입각하여 균형 잡힌 목회매뉴얼로서 하나엘 교회의 건강한 성장에 순기능을 하고 있다. '주의 장막비전'에 나타난 교회를 세우는 5가지 기둥 전도, 예배, 양육, 소그룹을 통한 교제, 선교를 통한 헌신은 사도행전에 나타난 교회의 기능과 사명을 모델로 삼고 있다. 물론 교회의 성장과 성숙은 교회의 프로그램과 매뉴얼 자체로만 이루어 질 수 없음은 자명한 사실이다. 그리스도의 몸인 교회는 다양한 성령의 능력과 인도하심으로 인간이 예측하기 어려운 열매를 맺기에 목회 매뉴얼이 혹 성령의 다양한 나타나심을 제한하는 역기능의 모습도 보일 수 있음을 간과해서는 안 된다.

목회 매뉴얼 도식화

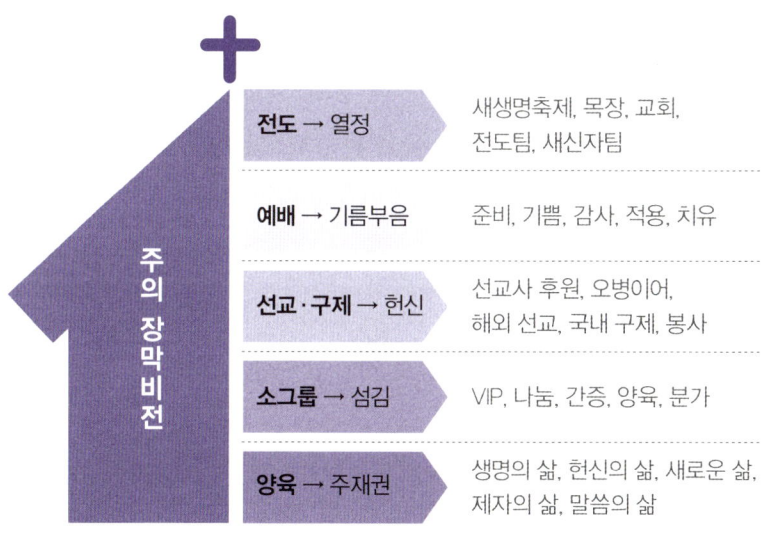

이렇게 목회 매뉴얼 도식화가 이루어졌다. 구체적으로 5가지의 작은 집에 대한 내용은 다음과 같다.

첫 번째, 전도

교회의 사명 중 일차적인 부름의 목적은 그리스도의 증인이 되는 것이다. 월리(R. C. Worley) 교수는 "교회란 하나님의 사역을 위해 부름 받은 백성의 공동체이다"라고 하였다. 하나님께서 세상으로부터 불러낸 사람들에게 맡길 특별한 목적이 바로 전도이다. 그러므로 교회는 바로 전도를 위해 하나님께로부터 부름 받은 공동체이다. "복음의 증거는 교회의 존재 이유이며, 교회가 복음 증거를 중지하면 교회는 교회됨을 중지하는 것이다"라고 말하고 있다.

전도는 교회의 본질적인 사명이다. 그래서 전도의 집을 만들었고 그리고 전도의 문을 열고 들어가는 핵심단어는 열정으로 정하였다. 이유는 복음전도의 주체는 인간이 아니라 삼위일체 하나님의 삼위이신 성령 하나님이시기 때문이다 복음전도는 인간의 사역이 아니라 하나님의 사역이라는 것이다. 복음전도사역에 있어서 인간은 어디까지나 하나님의 동력자이다. 복음을 전하는 시기나 장소 그리고 대상과 내용 등이 인간의 주관에 달려있지 않고 모두 하나님의 주관에 달려있다(행 16:6-10).

예수 그리스도께서 부활하신 후 승천하시기 전에 제자들에게 예루살렘을 떠나지 말고 하나님께서 약속하신 보혜사 성령을 보내셔서 제자들로 복음의 비밀을 깨닫게 하셨다(행 1:4). 그리고 사도행전 1:8에서 "오직 성령이 너희에게 임하시면 너희가 권능을 받고 예루살렘과 온 유대와 사마리아 땅 끝까지 이르러 내 증인이 되리라"고 하신 말씀을 이루려고 약속하신 보혜사 성령을 오순절 다락방에 강림하도록 하셨다. 복음 전도에는 하나님의 열정이 숨어있다. 이러한 하나님의 열정을 본받아야 전도가 가능하다.

폴 포웰(Paul W. Powell)은 전도에 있어서 목회자의 중요성에 대해 말하기를 전도하는 목사 없이 전도 하는 교회가 있을 수 없다. 또 목사의 마음이 믿지 않는 사람을 향하여 복음의 열정으로 불탄다면 교회 전체는 뜨거워질 것이다. 폴 포웰은 만약 목사가 전도를 통한 복음 증거에 냉랭하고 무관심하다면 교회는 영적인 동상에 걸릴 것이라고 주장하였다. 목회자는 본인 스스로 전도에 대한 열정을 가지고 전도를 위한 교회의 목표와 실천사항을 가지고 있어야 한다. 그래서 교회는 불신자가 전도되도록 힘써야 한다. 이것이 목회의 원초적인 사명이기도 하다. 목회자가 전도의 열정이 없다면 성도들에게 열정을 기대할 수 없다.

하나엘 교회는 이러한 전도의 중요성을 인식하고 열정으로 전도의 문이 열리도록 전도팀을 구성하여 매주 전도에 주력하고 있다. 또한 목장에서는 불신자 영혼구원을 위해 기도와 전도하는 것을 목장의 사명으로 알게 하고 있다. 교회차원에서는 매년 새생명축제라는 전도행사를 열어 태신자 작정과 전도전략을 세워 실제적인 열매를 거두고 있다.

- **새생명축제** : 매년 10월 한주를 전도의 날로 정하여 한 달 동안 전도에 집중한다. 새생명축제 행사에 대한 매뉴얼을 만들어 시행한다.
- **목장** : 목장에서 불신자전도를 목장의 제1 사명으로 가르쳐 목장 소그룹이 전도지향적인 소그룹이 되게 한다.
- **교회** : 교회는 목장과 더불어 영혼을 구원하는 구원선의 역할이 되도록 힘쓴다.
- **전도팀** : 교회전도팀을 조직하여 매주 화요일 수요일 전도에 힘쓰도록 한다.
- **새신자팀** : 전도되어진 성도들을 일대일 멘토를 정하여 정착할 때까지 돕는다. 새신자 정착 매뉴얼을 가지고 시행한다.

두 번째, 예배

개혁교회의 중심 신앙 지침서였던 제2 스위스 신앙고백에 보면, "교회란 무엇인가?"라는 질문의 대답으로서 "교회란 그리스도를 통하여 주어진 은혜의 동참자들이 말씀과 성령에 의하여 예수 그리스도 안에서 참 하나님을 바르게 알고 섬기며 예배하는 무리들의 공동체"라고 말하고 있다. 예배신학자 지글러는 "본질적으로 예배는 그리스도 안에서 가지는 하나님과 인간의 교제"라고 말했으며, 존 맥아더는 "예배란 하나님의 모든 것에 대하여 반응하는 것이며 예배 자체가 우리의 모든 것"이라고 정의하였다.

목회자는 교회가 예배를 잘 드릴 수 있도록 살펴 힘써야 한다. 예배를 잘 드릴 수 있기 위하여 가장 중요한 것은 무엇인가? 그렇게 해서 생각해 낸 것이 성령의 기름부음이다. 성령의 기름부음이 있는 예배가 되기 위하여 아래의 5가지가 필요하다.

- **준비** : 말씀과 기도의 준비는 물론이고 주보, 예배실 온도 체크 등 예배준비에 관련된 매뉴얼을 만들어 예배준비를 체크한다.
- **감사** : 매 주일 받은 은혜에 감사한 내용을 목장 소그룹에서 나눈다.
- **기쁨** : 예배가 생동력이 있고 기쁨이 넘치도록 찬양팀을 구성하여 찬양에 힘쓴다.
- **적용** : 주일예배에 들은 말씀을 실생활에서 어떻게 적용했는지를 소그룹 모임에서 나눈다.
- **치유** : 매 주일 예배시간에 성도들의 치유를 위한 기도를 한다.

세 번째, 선교·구제

교회의 선교는 세상에서 일하시는 하나님의 선교에 참여하는 것으로서 역사 속에 현존하는 하나님과 동역하는 것이다. 교회 본질 회복은 나아가 주님이 명령하신 명령을 수행하는 교회의 실천적 삶의 현장을 동시에 강조하고 있다. 강문석 교수는 선교에 관한 여러 정의들을 종합 요약하면서 이렇게 선교를 정의하고 있다.

첫째, 선교는 예수 그리스도께서 이 세상을 사랑하신다는 것을 알리는 것이다.

둘째, 선교는 이 시대뿐만 아니라 이 세상을 살리는 하나님의 계획이다.

셋째, 선교는 끝없는 세계 분쟁과 범죄를 종식시키는 하나님의 사랑의 역사이다.

넷째, 선교는 예수 그리스도께서 위임한 하나님의 백성의 구원사역이다.

다섯째, 선교는 절망에 빠진 인류에게 영생의 소망과 활력을 주는 가장 아름다운 사역이다.

여섯째, 선교는 혼돈과 무질서로 범죄와 죽음이 관영한 지구에 큰 희망을 주는 역사이다.

- **해외선교** : 매년 해외단기선교를 계획하고 시행한다.
- **오병이어** : 매년 국내 미자립 교회 및 농어촌 교회를 선정하여 리모델링 및 보수공사로 섬긴다.
- **국내구제** : 나눔 헌금 계정을 만들어 불우이웃이나 장애인 단체 등 구제를 필요로 한 곳에 정기 또는 일시적인 후원으로 섬긴다.
- **선교사 후원** : 교회가 후원하는 선교사님들을 정기적으로 후원한다.
- **봉사** : 봉사가 필요한 곳에 자원하여 섬긴다.

네 번째, 양육

영적 성숙은 단회적으로 이룰 수 있는 것이 아니다. 또 구원받은 다음에 교회 생활을 하며 평생 주일성수해도 영적으로 어린 아이로 남아있을 수 있다. 오래된 교인이 성숙한 교인인 것만은 아니다. 그러므로 교회는 거듭난 신자가 반드시 다음 양육단계 프로그램에 들어가서 교육을 받게 해야 한다.

영적 성장은 우리가 의도적으로 원해야 이루어 나갈 수 있다. 여기에는 헌신과 노력이 따른다. 그러므로 양육체계는 처음으로 신앙생활을 시작한 교인이 신앙과 생활과 사역 면에서 성숙한 성도가 되기까지 거쳐야 할 신앙성장의 과정으로 제시되어야 한다. 모든 교인으로 하여금 성령의 비밀스런 주도하에 평생 동안 목회사역을 기획해야 한다.

건강하고 생명력 있는 교회를 위해서는 교회의 비전과 목적에 맞추어 믿음의 성장단계별 그리고 상황에 따른 충분한 양육과 훈련을 이룰 수 있는 전반적인 목회시스템을 활용할 수 있어야 한다. 아래 세 가지의 질문에 어떤 답을 가지고 있는가?

첫째, 건강한 교회는 어떤 교회인가?

둘째, 건강한 교회는 무엇을 통해 성장하는가?

셋째, 건강한 교회성장을 위한 종합적이고 실제적인 양육 프로그램은 있는가?

하나엘 교회의 양육 프로그램은 5가의 주제로 정하여 시행하고 있다. 하나엘 교회의 양육의 목표는 그리스도의 주재권을 인정하는 것이다. 그래서 하나엘 교회의 양육의 문을 들어가는 핵심 단어는 주재권이다.

하나엘 교회의 양육 프로그램은 5가지이다. 〈생명의 삶〉, 〈믿음의 삶〉, 〈말씀의 삶〉, 〈제자의 삶〉, 〈목자의 삶〉.

매년 봄 학기와 가을 학기로 구분하여 시행한다. 성경공부 신청서를 미리 배분하여 신청하게 하고 수료하면 교회 교적부에 성경공부 현황을 기재하여 성도들의 성경공부 양육 상태를 체크한다.

다섯 번째, 소그룹

원어로 코이노니아(κοινωνία)인데 코이노니아의 원어적 의미는 어떤 물건을 공동으로 나누어 가진다거나 서로 경험을 같이 한다는 뜻이다. 따라서 사도행전 2:44-47의 말씀은 원시 기독교 공동체의 코이노니아 현장이다.

한스 큉은 "교회는 본질적으로 식사의 친교요, 그리스도와 친교며 그리스도인 상호간의 친교"라고 말했으며, 루터는 종교 개혁을 일으키면서 로마교회에 대항, 만인제사장설을 주장하고 그리스도의 몸으로서 서로 연결 되어있는 성도의 교제를 중요시하였다.

영적성숙은 그리스도의 몸인 그의 교회 안에서 우리가 서로 관계를 맺어갈 때 주어진다. 인간은 어떻게든 하나 이상의 소그룹 속에 존재하며 그 안에 있을 때 안정감을 가지게 되며 서로를 인정하고 나눌 수 있는 소그룹 안에서 삶을 더 풍요롭게 할 수 있다. 하나엘 교회의 소그룹 목장은 최영기 목사님의 가정교회 소그룹의 모습을 띠고 있다.

- **VIP :** 목장소그룹의 제1 사명은 영혼구원이다.
- **나눔 :** 목장소그룹은 말씀을 중심으로 받은 은혜를 나눈다.
- **간증 :** 소그룹 모임에서 나눌 때 간증과 질문만 하도록 한다.
- **양육 :** 목장에서는 서로 보고 배우는 양육이 이루어지도록 한다.
- **분가 :** 목장에서 영혼구원이 이루어져 성장하게 되어 12명이 넘으면 분가하도록 한다.

만든 매뉴얼대로
이렇게 실천해 봤어요

    초대교회의 모습과 교회성장학자들의 견해를 참고해 보니 건강한 교회를 위해서는 5가지의 교회의 기능이 잘 활성화되어야 했다. 그래서 교회의 5가지 기능을 도식화하여 주의 장막비전이라는 매뉴얼을 만들고 구체적으로 적용해 나갔다.

    하나엘 비전을 그림으로 표현한 도식은 마치 목회 설계도와 같다. 이것은 교회의 기능 5가지를 종합적으로 표현해 낸 것에 불과하다. 누구든지 자신만의 교회 도식을 만들 수 있다. 우크라이나에서 현지 목회자들에게 세미나를 하고 목회 매뉴얼 도식을 만들어 보라고 하였다. 놀라운 것은 1시간 내에 모든 목사님들이 도식화했다는 것이다. 어떤 분들은 하나엘 비전보다 훨씬 훌륭하게 비행기 그림, 포도나무 그림 등으로 표현하였다.

여기에서 중요한 것은 양육·전도·봉사·교제·예배 즉 초대교회에 나타난 교회의 기능들이 모두 들어가 있어야 한다는 것이다. 영양사가 식단을 짤 때 지방·탄수화물·단백질 등 우리 몸을 건강하게 하는 재료가 골고루 들어가야 하듯이 주님이 원하시는 교회의 기능이 들어가야 한다. 그리고 그 다음에 중요한 것은 "현재의 목회상황에서 어떻게 계획한대로 시행해나갈까?" 하는 것이다. 각 분야별로 실천 가능한 시행 지침서 등을 만들어 나가야 한다.

예배에 대한 비전을 이루기 위하여 예배라는 비전을 도식화 하였다

처음 하나엘 비전을 만들었을 때 성도들이 40명 정도 출석을 할 때였다. 예배의 비전을 어떻게 시행할 것인가? 먼저 도식에서 첫 번째 기둥인 예배의 부분을 생각해 보았다. 내가 지금의 상황에서 예배를 세우기 위하여 교회에서 할 수 있는 것은 무엇인가? 예배에서 가장 중요한 것은 말씀과 기도였다. 그리고 교인들의 영성을 위하여 연간에 할 수 있는 프로그램은 무엇인가? 어느 날 교회 주변을 둘러보다가 다른 교회에서 내건 현수막이 눈에 들어왔다.

여리고 작전 40일 새벽기도 20일 성령집회 ○○○강사 초청 심령대부흥회

그 당시 교회가 자체적으로 할 수 있는 영성집회는 5일 정도가 가능하다고 생각을 하였다. 그래서 고난주간을 이용하여 영성집회 5일을 진행하고 가을에 한 주간 영성집회 5일 정도는 그 당시 교회에서 감당할 수 있겠다고 생각이 되어 연간 10일의 집회를 계획하였다. 목회 초기에는 외부강사를 초청하기가 쉽지 않아 당분간 강사는 내가 맡기로 하였다.

이러한 집회의 이름을 무엇이라고 할까? 이른비·늦은비로 정하였다. 물론 팔레스타인의 이른비는 우리나라 계절과 다르지만 봄에 하는 집회를 이른비 기도회 가을에 하는 기도회를 늦은비 기도회라고 지었다. 그리고 이른비·늦은비 집회 때는 하나의 주제를 정하여 집회를 하기로 하였다. 예를 들어 이번 주제가 기도이면 기도라는 주제를 가지고 한 주 동안 집회를 인도하는 것이다.

전도에 대한 하나엘 비전을 이루기 위하여 전도라는 비전을 도식화하였다

교회의 사명은 전도이기에 어떤 상황에서도 전도에 힘써야 하지 않는가? 그러나 그 당시 개척교회에서 전도를 위해서 교회가 할 수 있는 일은 무엇일까? 1년에 한 차례의 전도행사를 위한 프로그램은 있어야 하지 않겠는가? 1년에 한 달 정도는 전도에 집중하는 달로 정하였다. 그래서 새생명축제라고 하는 행사를 준비하였다. 새생명축제는 하루를 정하여 전도대상자를 초청하여 이들에게 전도할 수 있는 기회를 가지는 것이다. 새생명축제를 위한 구체적인 사역 매뉴얼을 준비하고 매년 시행하였다.

양육에 대한 하나엘 비전을 시행하기 위하여

처음 개척시기에는 준비된 양육 프로그램이 없었다. 이유는 '양육은 어느 정도 교회가 성장하고 성경공부를 들을 만한 사람이 생겼을 때 할 수 있지 지금은 체계적으로 성경공부를 통한 양육이 힘들다'고 생각을 하였기 때문이다. 그래서 새 가족이 들어왔을 때 체계적으로 가르칠 성경공부 양육 프로그램이 준비되어 있지 않았다. 그런데 목회 매뉴얼을 만들면서 양육 프로그램을 준비하였다. 사랑의 교회 제자훈련 프로그램은 2년의 기간이고 가르쳐야 할 양도 많다고 느껴졌다. 우리 교회가 적용하기는 쉽지 않았다. 그래서 모든 성경공부는 12주로 정하였다. 한 코스에 12주 정도면 감당할 수 있겠다는 생각이 들었다.

성경공부 기간은 1년에 두 차례 하기로 하고 봄학기 성경공부, 가을학기 성경공부 학교를 열고 시행하기로 준비하였다. 양육 프로그램에서 중요하게 생각한 것은 내가 직접 성경공부에 참여해보고 확신이 왔을 때 전하자는 것이었다. 성경공부를 어렵게 시작을 하였는데 성도들의 반응이 시시하면 그 다음부터 양육 프로그램을 시행하기가 어려워진다. 이유는 성경공부를 경험한 성도들이 그 다음 성경공부를 하려고 하는 자에게 "성경공부 너무 좋아"라고 피드백을 들어야 하는데 "뭐 별거 없어" 하는 반응이 나타나면 성경공부의 연속성이 떨어진다. 그래서 처음 성경공부가 중요하다. 처음 진행하는 성경공부에 성공을 해야 다음 성경공부도 성공할 수 있다는 마음으로 시작하였다. 처음의 목표는 전 성도들이 생명의 삶 성경공부를 하는 것이었다. 그래서 주일 오후 시간에 생명의 삶을 열어서 공부를 하였다. 그렇게 시작한 생명의 삶 성경공부는 현재 23기가 되었다. 1코스를 마치는데 대략 5개월 정도 걸리는데 그렇게 따지면 13년을 매주 주일 오후는 생명의 삶 성경공부를 통한 양육에 힘쓰게 된다.

하나엘 교회의 양육프로그램은 3개의 필수과정과 두 개의 선택 과정으로 성경공부를 제공한다. 필수과정으로는 생명의 삶, 새로운 삶, 말씀의 삶이고 선택과정으로는 제자의 삶, 목자의 삶으로 되어 있다. 이 필수과정은 믿음의 기초에서부터 차근차근 훈련받아 믿음을 굳게 하는데 목표를 둔 것으로 5개의 과정을 다 마치면 정식 소그룹 리더로 임명될 수 있는 자격이 주어진다. 목자의 삶은 목자의 직분을 앞두고 있는 성도에게만 권하고 있다.

삶 성경공부 시리즈를 간략하게 설명해 보겠다

생명의 삶 12주

생명의 삶 성경공부의 목적은 구원의 확신을 심어주는 것과 성경을 읽고 스스로 이해하는 능력을 배양하는 것 그리고 신앙적인 의문에 대한 답을 얻기 위한 것이다. 교제는 침례교단에서 사용하고 있는 새신자 총서 5권이며 신앙의 근본을 바로 잡는 이 과정을 통해 많은 사람이 하나님과의 관계를 분명히 정립하고 있다.

새로운 삶 12주

새로운 삶 성경공부의 목적은 새로운 삶에 맞는 성경적인 가치관을 형성하고 신앙생활에 필요한 소그룹의 중요성과 건강한 교회론을 가르친다.

말씀의 삶

구약 12주, 신약 12주 과정으로 시대의 흐름을 따라 성경 목록을 배치할 줄 알며, 성경 전체의 주제를 파악하게 하고, 중요한 장소는 지리적으로 알게 한다.

제자의 삶

좀 더 깊은 주제별 성경공부, 매일 성경 읽는 것과 묵상하는 것의 습관화, 매일의 묵상에서 받은 교훈의 생활화, 하나님의 주재권에 대한 인식을 강화한다.

목자의 삶

목자로서 교회와 목장을 자원하여 섬기고 주님의 교회를 더욱 사랑하는 믿음과 섬김의 생활로 나아가게 한다. 하나엘 교회는 매년 봄 학기 가을학기로 나누어 순서대로 '삶 훈련시리즈' 성경공부를 진행하고 있다.

교회가 성경공부 양육라인을 만들고 성도들에게 성경공부를 할 수 있도록 권면하는 것도 요즘처럼 바쁘게 지내는 성도들에게 적용하기란 어렵다. 중요한 것은 연속성 있게 꾸준히 해야 한다.

생명의 삶은 13주과정이다. 지금 23회를 가르치고 있으며 12년 동안 생명의 삶을 가르쳤다.

선교에 대한 하나엘 비전을 이루기 위하여 선교라는 비전을 도식화하였다

우리 교회가 그 당시 할 수 있는 선교는 무엇일까? 몇 가지 세운 계획을 소개하겠다.

① 후원하는 선교사님을 정하여 선교후원금을 보내자.
② 1년에 한차례 성도들과 함께 해외선교를 다녀오자. 선교지를 방문해서 경험해야 선교의 마인드가 생겨나지 않겠는가? 만약에 자원하는 사람이 없으면 우리 부부라도 다녀오자.
③ 국내 미자립 교회 또는 농어촌 교회를 매년 한 곳 정하여 교회가 할 수 있는 만큼 보수 리모델링 봉사로 섬기자.

소그룹 대한 하나엘 비전을 이루기 위하여 소그룹 비전을 도식화하였다. 가정교회 최영기 목사님의 구역조직을 가정교회로 바꾸는 책을 통하여 우리 교회 소그룹 사역은 가정교회 최영기 목사님의 가정교회 소그룹 목장으로 진행하기로 하였다. 하나엘 교회 목장사역의 운영을 받쳐주는 성경구절은 에베소서 4:11-12이다. "그가 어떤 사람은 사도로 어떤 사람은 선지자로 어떤 사람은 복음 전하는 자로 어떤 사람은 목사와 교사로 삼으셨으니 이는 성도들 온전케 하여 봉사의 일을 하게 하며 그리스도의 몸을 세우려 하심이라"(엡 4:11-12). 하나엘 교회의 목장 사역은 이러한 성경적인 사역의 분담에 의해 이루어지고 있다. 목회자는 성도를 온전케 하는 일 즉 평신도의 은사를 발견해 주고, 훈련시켜 주고, 은사를 발휘할 기회를 만들어주는 데 집중하여야 한다. 그러한 은사를 발휘할 기회를 얻게 하는 장이 목장이다. 성서적인 사역분담의 원리를 실현하는 곳이 하나엘 교회 목장이다.

목장모임의 리더

목장모임을 잘 이해하고 소그룹목장 비전을 공유한 사람이어야 한다. 이웃과 주님을 섬기고자 하는 사람이어야 한다.

목장모임의 진행

하나엘 교회 목장 소그룹은 매주 가정 또는 교회에서 한차례 모임을 가진다. 모임시간은 대체적으로 두 시간 가량 되며 주로 부부모임이고 부부가 모일 수 없는 분들은 싱글로 모이고 있다. 목장모임의 진행 순서는 식사 또는 다과로 교제하며 목자의 자연스러운 인도로 모임이 시작된다. 20분 동안 찬양하고 목장의 교사가 지난주일 설교를 10분정도 요약해서 설명한다. 그 다음 순서가 삶을 나누는 모임시간인데 나눔의 시간이 목장의 핵심이다. 나눔의 시간이 되면 참석자들은 지난 주간에 자신에게 일어났던 일과 말씀을 통해 받은 은혜 등을 나눈다. 나눔의 원칙은 간증과 질문만 하게하여 상투적인 결론과 주관적인 가르침이 되지 않도록 하고 있다. 나눔 시간은 거의 한 시간 정도로 충분한 시간을 가지게 하며 그 다음 시간은 나눔 시간에 제기되었던 기도 제목 등 해결할 문제에 대하여 함께 중보기도하는 시간을 가진다. 이때 목장이 후원하는 선교지와 선교사님들을 위한 기도도 함께 드리고 있다. 1년에 여름 한 달, 겨울 한 달은 방학을 하게 하여 목자들에게 휴식기간을 주고 재충전의 기회를 가지게 하고 있다. 목장 방학을 이용하여 목자 수련회 등을 계획하여 목자들의 영적성장을 돕고 있다

처음 하나엘 비전을 만들었을 때는 그 당시 교회의 형편에 따라 감당할 수 있는 만큼의 사역프로그램을 만들고 하나하나씩 시행해 나갔다. 물론 모든 사역이 처음부터 정착되지는 않았다. 그러나 주님의 교회를 세우기 위하여 매뉴얼을 만들었으니 스스로 다짐한 것은 프로그램이 잘 되든 안 되든 계획한 것은 끝까지 일관성 있게 하자는 것이었다. 이것은 또한 성도들과의 약속이기도 하다. 그때그때 바꾸면 신뢰가 떨어진다. 그리고 이러한 매뉴얼의 프로그램이 정착될 때까지는 다른 프로그램은 추가하거나 도입하지 않기로 하였다. 이유는 선택과 집중 때문이다. 현재 준비하고 있는 것도 쉽지 않은데 여기에 다른 것을 또 추가하면 집중도가 떨어지기 때문이다.

이렇게 일관성 있게 계속 사역 매뉴얼대로 시행한 결과는 놀라웠다. 사역 매뉴얼대로 매년 열매를 맺어나간다는 것이다. 그래서 하나엘 비

전의 도식은 마치 설계도와 같다는 생각을 하였다. 설계도대로 건물이 지어지는 것처럼 목회 매뉴얼은 교회를 건강하게 세워나가는 설계도의 역할을 하였다. 하나님의 은혜로 하나엘 교회를 개척하여 목회하면서 두 번 성전을 건축을 할 수 있었다. 건축을 하면서 느낀 것은 설계도를 작성하는 경비를 아끼지 말아야 한다는 것이다. 왜냐 하면 설계도대로 집이 지어지기 때문이고 설계도가 집을 만들어가는 메인 역할을 하기 때문이다.

고등학교 때 예수님을 영접하고 학생회 수련회를 따라갔다. 처음에 도착한 곳은 부산 근처에 있는 계곡물이 제법 흐르는 야산인 것으로 기억난다. 제일 먼저 해야 할 일이 준비하여 가져간 100인용 텐트를 치는 일이었다. 그 당시 나의 궁금증은 "저 큰 텐트를 어떻게 세우느냐?"였는데 김우현 목사님은 마치 전쟁터의 지휘관처럼 학생들에게 천막용 나무기둥을 모두에게 하나씩 들게 하고는 텐트 안으로 들어가서 영차 영차 구호를 외치면서 함께 협력하면서 세우게 하였다. 그러자 엉성하던 텐트가 조금씩 모양을 잡으면서 어느새 완벽한 100인용 근사한 텐트가 완성되었다.

그 당시 어린 나로서는 그러한 모습이 참 신기하고 놀라워보였다. 100인용이나 되는 큰 텐트가 특별한 장비 없이 세워지는 것은 어린 학생들까지 모두 자신의 기둥을 붙들고 자신에게 맡는 역할에 충실하고 모두가 협력하기 때문이었다. 그러나 무엇보다도 중요한 것은 김우현 목사님이 텐트를 세울 작전과 계획을 머릿속에 그림으로 가지고 있었기 때문이었다. 목회 매뉴얼은 목사가 그리는 목회비전의 설계도 또는 그림과 같다. 처음에는 엉성해도 나중에는 아름다운 그럴싸한 100인용 텐트가 세워지는 것처럼 목회 매뉴얼은 그러한 역할을 한다.

목회의 철학에 의한 필요성과 현실을 고려하여 지혜롭게 목회 매뉴얼을 만들어야 한다. 설계도가 현실에 맞지 않으면 건축은 어려움을 당한다. 건축할 때 가장 힘든 것이 건축현장 용어로 데나우시이다. 교회 건축현장을 오랫동안 동참하면서 웬만한 건축용어 아시바 야리끼리 덴조는 익숙하다. 데나우시는 건축시행이 잘못되어 다시 뜯어서 새롭게 공사하는 것을 말 하는데 데나우시가 나면 모두 힘들어 한다. 또 다시 뜯어서 새로 시작해야 하기 때문이다. 그러면 김이 빠지고 두 배로 에너지가 들어가고 일군들이 신경질적이게 된다. 그래서 처음에 설계할 때 잘 해야 한다.

두 번째는 계획을 세웠으면 끝까지 일관성 있게 추진하는 것이다. 그리고 단계적으로 프로그램 하나하나를 시행을 할 때 적은 열매라도 결과물이 있도록 최선을 다해야 한다. 21세기 목회연구소 소장인 김두현 목사님은 그의 세미나에서 "홈런을 치려고 하지 말라. 안타를 쳐라. 경기의 승부는 홈런보다는 안타에 있다. 많은 목사님들이 홈런을 치려고 하는데 작은 것 하나하나에 작은 성공을 이루다 보면 나중에는 큰 점수를 내고 경기는 승리하게 된다"라고 강조하면서 "작은 프로그램도 집중하여 성과를 내는 것이 중요하다"고 하였다.

계획하고 시행한 행사 등이 조금씩 결실을 거두면 교인들은 이미 성과를 거둔 경험이 있기 때문에 두려워하기보다는 용기를 얻고 힘을 내어 사역에 동참한다. 작은 교회에서 추진력과 동기부여를 얻기는 힘들지만 한번 추진력이 생기면 놀라운 효과를 가져올 수 있다. 지금 결과물이 보이지 않더라도 조급해하지 말아야 한다. 클레이 스미스는 교회에서 중요한 변화를 시도하는 경우에는 보통 3년에서 5년이 걸린다고 말했다. 지도자들이 저지르는 실수 가운데 하나는 교인들이 변화를 수용하기도 전에 억지로 밀어붙이고 이제 성도들이 변화를 수용하려고 할 때 정작 목회자는 포기하고 다른 대안을 제시한다는 것이다.

목회의 5가지 기능은 모든 목사님들이 균형 있게 세워지도록 힘써야 하지만 목회의 프로그램을 실천하는 방법은 전부 달라야 한다. 목사님의 은사와 목회스타일 그리고 목회환경에 맞추어서 적용을 해야 한다.

"화가가 그림을 그릴 때 처음에는 윤곽이 나오지 않지만
끝까지 그리다 보면 완성된 그림을 얻게 되듯이
목회자는 일관성 있게 지속적으로 사역을 적용해 나가야 한다."

manual
4

목회 매뉴얼 만들기

목회규모에 맞는
매뉴얼 만들기

목회자 세미나를 마쳤을 때 목사님들이 나에게 하는 질문들이 있다. "지금 성도가 하나도 없습니다. 목회 매뉴얼을 만들 필요가 있습니까?" 한명도 없을 때 목회 매뉴얼은 더 중요하다고 생각한다. 나의 제안은 이렇다. 5가지의 집을 세워 나간다고 가정하면 예배는 담임목사가 먼저 예배에 충실해야 한다. 그리고 앞으로 10년 동안 어떻게 설교를 전할지 계획을 세워보는 것도 좋다. 그리고 시간적 여유가 있으니 가정예배를 계획해도 좋다. 영성훈련을 위해서 1년에 한차례 기도원 집회에 함께 참여하는 계획을 세워도 좋을 것이다.

선교

선교사님을 정해놓고 기도하면 된다. 그리고 개척 때는 어려우니 한 달에 만원이라도 헌금을 작정하고 후원하면 되고 선교사님을 1년에 한번이라도 초청하여 선교 상황을 듣고 식사교제를 하는 것으로 형편에 맞는 선교목표를 삼으면 된다.

양육

목사님이 성경공부 양육 코스를 준비하여 아내와 자녀들을 양육하면 된다. 앞으로 가르칠 양육 성경공부를 미리 경험 해보는 유익이 있다.

전도

개척목회 때 목회자가 매일 전도할 수 없다. 목회자가 해야 할 일은 설교준비·심방·교회·시설관리 등 너무 많기 때문이다. 그래서 한주에 하루 또는 시간을 정해 놓고 전도에 헌신해야 한다. 나는 한주에 복음을 몇 명에게 전하겠다는 목표도 좋다고 생각한다. 개척목회자가 전도 매뉴얼 시행 프로그램에 목회자 자신이 한주에 3명에게 복음을 전한다는 목표를 세워놓고 그 약속을 지키면 1년에 160명에게 복음을 전하는 목표를 이룰 수 있다. 그러면 그중에서 10명만 예수님을 영접해도 개척 멤버가 생길 수 있다. 그러나 이런 목표가 없으면 1년이 지나도 걱정만 하고 있을 뿐 실제적으로 전도를 적용하고 순종하기가 어렵다. 1년에 한 차례 정도 전도행사를 준비하면 된다. 성도가 없을 때는 큰 교회의 도움을 받아도 좋겠다.

봉사

개척 때는 다른 곳에 봉사하기가 쉽지 않다. 교회 내 관리를 봉사의 영역이라 생각하고 섬기면 된다.

소그룹

가정이 소그룹이다. 한주에 한번 가정예배를 드리고 교회에서의 협력을 나누고 함께 교제하는 시간을 가진다. 목회자 가정에서도 팀워크가 필요하다.

개척 교회의
매뉴얼

우리 교회는 이제 10명인데 어떻게 해야 하나요?

예배는 10명이니 이제 제법 예배의 모양을 갖추면 된다. 1년에 한차례 정도 영성집회를 계획해 보아도 좋겠다. 그리고 한두 명이라도 주중에 중보기도시간을 만들어 함께 기도하는 프로그램을 가져도 좋을 것이다.

양육은 기본코스를 2명 내지 3명 정도 신청을 받아 진행하면 된다. 2명이라도 모아지면 성도들의 시간에 맞추어 성경공부를 진행하면 된다. 일대일 양육도 가능하다.

선교는 가능하다면 해외선교를 다녀오는 계획을 잡아도 좋다. 그리고 우리 교회가 앞으로 집중해서 섬길 선교지를 정하여 중보기도하거나 후원선교사님들을 조금씩 늘려가는 계획을 세워도 좋다.

전도는 전 교우 10명 중에서 전도에 은사가 있는 분이 있으면 그분과 함께 한주에 하루 2시간 정도를 전도 시간으로 정해놓고 함께 전도하는 프로그램을 잡으면 된다. 1년에 한번 전도 새생명축제를 계획하여 음식을 준비하여 이웃을 초청하여 식사를 대접하고 그들에게 복음을 전할 기회를 가지는 것이 좋다.

우리 교회는 30명 정도인데 어떻게 해야 하나요?

1년에 한 두 차례 영성집회를 준비해도 된다. 양육에서는 전 교우가 생명의 삶을 다 듣게 하는 것으로 일단 목표를 정해보자. 전도에서는 전도팀을 조심스럽게 조직하고 시행하는 것을 목표로 삼아보자. 소그룹에서는 소그룹모임을 조직하면 된다. 소그룹을 시작하기 전에 리더모임을 만들어 진행하면 된다. 선교와 봉사, 해외 단기선교를 계획하고 함께 선교지를 방문한다.

구체적인 목회 매뉴얼의 세부사항은 교회의 형편과 상황에 맞추어 만들면 된다. 매뉴얼을 만드는 것이 어려우신 분들은 21세기 목회연구원에서 나오는 매뉴얼 교재, 지구촌교회 사역 매뉴얼의 도움을 받거나 관련된 책을 참조하면 된다. 교회가 아직 제대로 세워지지 않는 환경에서 새롭게 목회 매뉴얼을 만들고 사역을 시행하는 것은 처음에는 쉽지 않다. 그래서 이러한 원칙과 전략이 필요하다.

매뉴얼을 시행해 가면서
놓치지 말아야 할 것이 있어요

첫째, 매뉴얼을 계속 데이트 베이스화해야 한다.

작년에 시행한 전도 프로그램 매뉴얼을 보관하였다가 다음 해에 프로그램을 시행 할 때에 그것을 기초로 하여 보완할 것은 보완하고 뺄 것은 빼고 해서 사역 시행 매뉴얼을 조금씩 다듬는다. 이미 프로그램을 진행하였기에 경험이 있으니 두 번째는 조금 더 쉽게 프로그램을 진행 할 수 있다. 아무리 기억력이 좋아도 1년 후에 다시 똑같은 프로그램을 진행하려고 하면 잘 생각이 나지 않는다. 그래서 자료를 보관하는 것은 너무 중요하다. 그러면 그 자료가 기초가 되어 계속 보완할 수 있다. 몇 번의 경험이 쌓이게 되면 본인의 교회의 상황과 여건에 맞는 프로그램으로 정착이 되고 이렇게 5년 정도 꾸준히 진행하다 보면 어느새 본인 교회 맞춤 프로그램으로 성장하게 된다. 그리고 나서는 이제 열매를 경험하게 된다. 어떤 프로그램도 처음부터 잘 되지 않는다. 그래서 자료를 보관하고 관리하는 것이 중요하다. 프로그램에 참여한 경험이 있는 성도들도 이제 경험이 있어 두 번째는 훨씬 더 잘 봉사하게 된다.

둘째, 사역 프로그램을 진행할 때 집중하여 작은 열매를 맺도록 해야 한다.

어떤 프로그램도 작은 성공이 중요하다. 그래야 다음 번에 같은 프로그램을 진행하는데 동력을 얻을 수 있다. 어떤 행사를 실패하면 그 다음에는 성도들의 동력을 만들기 어렵다. 그래서 전도 프로그램을 계획하면 1명이라도 결실을 맛 볼 수 있도록 사전에 준비를 잘 해야 한다. 그래서 교회의 형편에 힘거운 행사는 조금 자제하는 것이 좋다. 가능한 정도의 행사를 계획하고, 계획한 행사는 적게나마 결실을 거두게 해야 한다. 성경공부도 한 달 전부터 광고를 하고 성경공부에 흥미를 가지도록 유도하고, 한번 시작된 프로그램은 끝날 때까지 은혜롭게 잘 마쳐지기 위해 힘써야 한다. 그래야 연속적으로 사역을 진행할 수 있다.

셋째, 프로그램에 직접 참여하는 스텝들과는 사전에 충분히 매뉴얼을 함께 나누고 공유해야 한다.

성도들이 왜 이 사역에 동참해 야 하는지 왜 우리 교회가 이런 프로그램을 진행해야 하는지 알아야 한다. 그래야 협력이 가능하고 소통이 되지 않아 반대하는 의견을 사전에 예방할 수 있다.

넷째, 모든 프로그램에는 기도로 준비해야 한다.

교회의 모든 사역은 영적인 것으로 보아야 한다. 사람이 계획을 세워도 그 걸음을 인도하는 분은 하나님이니 하나님의 도우심이 절대 필요한 것은 설명할 필요가 없다. 주님의 교회가 성장하고 선한 일을 도모할 때 사탄의 세력이 활개친다. 사역의 열매와 영적으로 방해하는 세력을 물리치기 위해서 늘 기도가 늘 뒷받침되어야 한다.

다섯째, 일관성과 지속성이 있어야 한다.

일관성과 지속성이 없으면 팔로우는 지도자의 리더십을 의심하게 되고 자신의 일에 혼선을 갖게 된다. 조급할 필요가 없다. 포기하지 않고 인내한다면 언젠가 열매를 거둔다.

목회 매뉴얼 만들어보니 교회가 이렇게 달라졌어요

　하나엘 교회는 5가지 교회의 기능을 중심으로 세운 '주의 장막비전' 대로 지금 14년째 진행해 오고 있다. 꾸준히 일관성 있게 시행한 결과 지금은 모든 영역에서 열매를 맺어 정착이 되어가고 있다. 처음부터 성공적으로 정착되어지는 사역은 많지 않다. 화가가 그림을 그릴 때 처음에는 윤곽이 나오지 않지만 끝까지 그리다 보면 완성된 그림을 얻게 되듯이 목회자는 일관성 있게 지속적으로 사역을 적용해 나가야 한다.

하나엘 교회의 1년 사역은 이렇게 진행 된다

　1월 달은 사역자회 (소그룹 리더 남녀 전도회 회장 각 부서장들의 모임)를 가진다. 사역자회에서는 한 달 전에 미리 한 해 동안의 사역계획 매뉴얼을 준비케 한다. 물론 각 부서장들에게 기본적인 사역 매뉴얼을 미리 소개한다. 작년에 부서에서 행하였던 사역 매뉴얼을 보여주고 그 근거에 기초해서 신임부장이 1년 사역 계획을 준비하도록 부탁한다. 중간 점검을 거치기는 하지만 부서장들이 준비한 사역계획은 대부분 존중하고 인정한다. 각 사역 부서장이 사역회 때 부서 계획을 소개한 것을 정리하면 다음과 같다.

각 사역 부서 매뉴얼

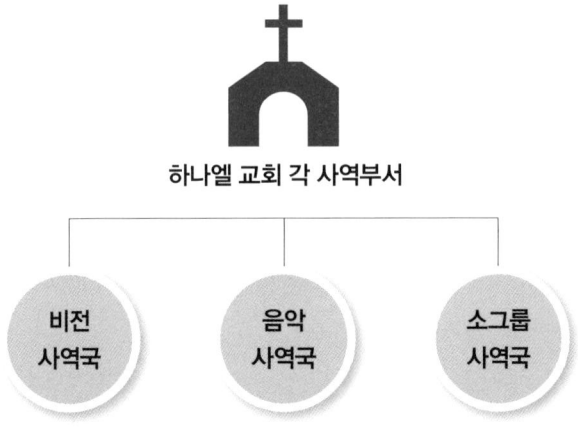

하나엘 교회 각 사역부서

비전 사역국

남전도회, 여전도회로 구성되며, 교회의 전반적인 연간 사역을 기획 및 준비, 실행하는 사역

1) 남전도회

남성 교우들 간의 단합 및 친교와 교회 연간 사역을 기획, 준비, 실행하는 사역

1~4 남전도회

월례회 개최, 전교인 윷놀이 개최, 교회 경조사 담당, 봄 가을 대청소, 단합대회, 교회행사 지원 및 애경사 참여(전교인 체육대회, 여름성경학교, 오병이어, 새생명축제 등), 체육활동(연합목장 친선족구대회(3~4월), 학생, 청년부 농구대회(9월), 교회 청소

2) 여전도회

여성 교우들 간의 단합 및 친교와 교회 봉사사역의 중심에서 아름다운 섬김의 사역

여전도회 연합회

여전도 모든 회원 대상으로 목장 방학 중 1년에 두 번 경건예배로 만남의 교제, 주일식사 및 올해 교회 각종행사 지원(이른비□늦은비, 부활절, 목회자 세미나, 전교인 수련회, 여름성경학교, 추수감사, 김장, 새생명축제, 성탄절, 송구영신예배) 등을 도우며, 식사준비 및 주방청결 관리, 봄 가을 교회 대청소

1~5 여전도회

총연합회 지원(주방 및 교회행사), 월례회 운영, 애경사 심방(이사 및 병문안 등), 단합대회, 교회 청소, 아나바다 바자회, 전 회원 성경 1독 캠패인, 중보기도 모임, 집회, 행사 및 외부인사(목사님, 강사님 등) 방문 시 안내 및 다과 준비, 카페 운영, 여름성경학교(유아, 유치부) 교사 지원 및 기타 봉사, 크리스마스 행사 지원

음악 사역국

성가대, 찬양팀으로 구성되며, 예배음악을 통해 교우들로 하여금 참된 예배를 경험하도록 인도하는 사역

1) 성가대

52주 주일예배 찬양 담당, 부활절 찬양, 이른비·늦은비, 부흥회 찬양, 성탄절 칸타타, 연습실 청결 관리

2) 찬양팀

　주일 1,2부 예배 후 찬양, 금요생명샘집회 찬양, 이른비·늦은비 밤기도회 찬양인도 및 찬양팀 헌신 예배, 찬양팀 1인 1악기 레슨

소그룹 사역국

　교회관리부, 미디어부, 새가족부, 봉사부, 선교나눔부, 시설관리부, 식당봉사부, 예배부, 재정부, 전도부, 주차관리부, 차량부로 구성되며 교회의 부흥과 영성, 선교적 사명을 위한 사역

1) 교회관리부
- 교회 전반적인 환경 관리, 분리수거 등을 섬기는 사역
- 주일 예배 후 교회 마당 및 주변 환경 정리
- 쓰레기 분리 수거 및 버리기

2) 미디어부
- 예배시 방송실 운영, 홈페이지 관리, 컴퓨터의 유지 보수 등을 섬기는 사역
- 교회 홈페이지 어플 제작, 교회 네트워크 개설, 예배 및 행사, 각 부서의 주일 모습등을 촬영하여 홈페이지 업로드
- 시설장비 확충, 캠페인 활동(격월)

3) 새가족부

　　한 영혼을 소중하게 여기시는 하나님의 마음을 따르는데 헌신한 사람들의 모임으로, 새가족을 위한 친절한 안내와 등록을 도우며, 원활한 예배참여를 위해 돕는 사역

4) 선교나눔부
- 선교헌금의 관리 및 각 선교지와 교회가 유기적 관계를 유지할 수 있도록 돕는 사역
- 선교지 탐방 및 현지 사역자 세미나 등을 통한 선교지 새로운 동력원 제공 및 나눔을 통해 주님의 사랑을 전함

5) 시설관리부
- 교회 각종행사 및 전반적인 시설관리, 설치 및 제작 사역
- 배수관 정리, 에어컨 관리, 월동 준비 및 온풍기, 수도, 전기확인 및 동파방지 작업

6) 식당봉사부
- 교회 전반적인 봉사의 손길이 필요한 부분을 섬기는 사역
- 남녀 전도회 행사시 협력, 주일 및 행사시 주방협력, 교회 전반적인 행사와 활동지원, 식당청소봉사

7) 예배부
- 주일 및 주중 예배가 은혜롭고, 원활하게 진행될 수 있도록 돕는 사역
- 주보준비 및 배포, 예배실 안내 및 출입관리를 통해 원활한 예배 진행을 도움, 대표기도자 및 헌금위원의 순서 관리 및 체크, 예배당 정리, 정돈 및 환기와 온도체크. 유실물 수거, 2부예배 자모실 예배부원 배치

8) 전도부
- 교회 인근 지역을 중심으로 복음을 전하는 일과, 교회의 양적 성장을 위한 사역
- 3~11월 : 매주 화요일 쌍용 APT 입구에서 전도활동(전도물품을 가지고 노방전도 및 관계전도), 매주 수요일 인근 APT 및 지역을 중심으로 전도활동
- 10월 : 새생명축제를 위한 노방전도 및 인근 아파트 전단지 부착

9) 주차관리부
- 주차관리를 통해 교우들이 보다 편리하게 예배에 참여하도록 하는 사역
- 주차구획 정비, 주차 가능지역 주변 정리, 순차적 주차 안내(교역자, 성가대, 교회봉사자 차량 주차구역 확정), 차량 연락처 정리 및 업데이트

10) 차량부
- 차량운행 등을 통해 교우들이 보다 편리하게 예배에 참여하도록 하는 사역
- 주일예배 차량운행, 이른비·늦은비 및 특별집회 차량운행, 각종 행사시 차량지원 및 주차관리

그리고 매월 사역자회를 통하여 사역이 잘 진행되고 있는지 서로 체크하고 다음 달 사역에 대해서 계획한다. 2005년 주의 장막비전 매뉴얼을 만들고 난 이후 매뉴얼에 입각하여 연간 사역계획을 세우고 실행 가능한 범위 내에서 적용하고 있다.

- 매년 1월 리더 수양회 때 연간 계획서를 교회 중직들에게 발표하고 목회에 대한 비전을 공유하며 실천계획을 토의한다.
- 2월부터는 목장소그룹 모임이 시작된다.
- 3월부터는 양육프로그램 성경공부가 기수별로 시작된다.
- 교회학교 교사 연합회를 가진다.
- 4월에는 해외선교를 계획하여 다녀온다.
- 이른비 영성집회를 개최한다.
- 부활절 침례식을 시행한다.
- 5월에는 전교인 연합수련회를 시행한다.
- 전교인 연합수련회 2년에 한 번 정도로 계획하여 시행한다.
- 8월에는 여름 성경학교 행사 등이 있다.
- 여름 중간비 집회를 준비하고 시행한다.
- 사역자 및 목자 수련회를 가진다.

- 9월에는 가을학기 성경공부가 시작되고 목장 2학기가 개강된다.
- 오병이어 행사를 준비하고 시행한다.
- 10월에는 전도 새생명축제를 기획하고 시행한다.
- 11월에는 늦은비 기도회를 준비하고 시행한다.
- 12월에는 사무처리회를 준비한다.

사무처리회 때 사역부서장들이 연초에 준비한 계획들이 어떻게 잘 시행되었는지를 보고하고 수고한 분들을 축복하는 시간으로 사무처리회를 끝낸다.

하나엘 교회에
불신자가 들어오면?

불신자가 교회를 등록하면 새가족부에서 관리한다. 새가족부에서 정해준 새가족 멘토를 정하면 그 멘토가 새가족에게 관심을 가지고 교회에 정착하도록 돕는다. 봄학기와 가을학기에 시작되는 생명의 삶 성경공부에 권면하여 성경공부를 하게 한다. 목장에서 전도된 영혼은 그 목장에 소속하게 하고 교회로 전도되어진 사람은 목장에 소개하여 목장 안에서 교제하게 한다.

1년이 지나면 목자와 의논하여 교회의 부서사역에 은사에 맞춰 봉사하도록 한다. 그래서 하나엘 교회에 전도되어온 성도들을 향한 목표는 생명의 삶을 통하여 신앙양육을 받고, 예배를 통하여 은혜를 체험하고, 목장을 통하여 교제를 경험하게 되고, 부서봉사를 통하여 교회를 사랑하게 되고, 새생명축제 때에 주변에 있는 불신자를 교회에 전도하는 전도인으로 성장하게 하는 것이다.

　등록 후 3년에서 5년이 지나면 이제 〈새로운 삶〉, 〈말씀의 삶〉을 통하여 더욱 성숙한 단계의 성경공부를 하게 된다. 목장에서 성도들과의 친밀한 교제를 통하여 신앙을 보고 배우게 된다. 교회 안에서 책임 있는 역할을 맡게 된다. 해외선교나 국내선교에 동참하고 하나님 나라를 함께 이루어 나간다.

　이것이 하나엘 교회가 불신자를 전도하여 영혼구원하고 제자삼고 훌륭한 그리스도인이 되게 하는 규칙이다. 하나엘 교회의 1년은 이렇게 매년 흘러간다. 이 행사는 전부 하나엘 주의 장막비전 비전을 이루기 위한 사역들이다. 그리고 이러한 프로그램은 모두 14년 계속 진행되어져 가는 것들이다. 사실 이런 행사 등을 추진하는 것도 쉬운 일이 아니다. 하지만 매년 자료가 준비되고 경험이 있기에 이제는 기쁨으로 감당하고 열매를 맺는다.

　매년 같은 프로그램을 진행하기에 목회적 에너지가 크게 필요하지 않는다. 하나엘 교회의 비전대로 예배·선교·소그룹·양육·전도 등의 교회의 기능이 1년 동안 활발히 진행되고 있다. 물론 아직도 보완하고 개선해야 할 부분이 있지만 그래도 목회 매뉴얼의 도식대로 꾸준히 진행하고 열매를 맺고 있다. 나는 매년 새로운 목회 구상 때문에 스트레스를 받지 않는다. 물론 매년마다 성령의 감동하심으로 추진되는 교회의 중점 사항 등은 다를 수 있다. 작년에는 농어촌 여름 성경학교를 개최하였고 목회자 세미나를 개최하여 섬겼다. 그때마다 하나님이 교회에 필요한 사역을 요구 하실 때 순종하며 나아간다. 그러나 큰 틀은 목회 매뉴얼의 비전대로 시행되기에 교회는 흔들림 없이 안정되게 성장하고 있다.

목사는 행복하고 교회가 건강하게 성장한다면 이보다 뭐 더 바랄 것이 있겠는가? 목회 매뉴얼은 이렇게 건강한 교회를 만들어 가는데 큰 역할을 한다. 구슬이 서 말이라도 꿰어야 보배다. 그런데 매뉴얼은 실과 같다. 실은 비본질적인 것이지만 본질이 본질되도록 돕는 중요한 역할을 한다.

하나엘 교회는 위에서 소개한 대로 주의 장막비전의 목표아래 한해를 움직이고 있다. 하나엘 교회의 목회 매뉴얼의 구체적인 사역을 구체적으로 소개하지 않는 이유는 교회마다 다 상황이 다르기 때문에 적용의 방법이 다르기 때문이다. 다만 목회 매뉴얼의 도식과 그 도식을 통한 비전을 어떤 식으로 시행했는지를 목사님들에게 소개하는 것이 더 중요하다고 생각하여 목회 매뉴얼의 진행과정을 이 책에 담았다.

목회자가 분명한 목회의 비전과 계획 없이 임기응변 목회를 할 때는 더욱 부실한 교회를 만들게 된다. 교회사역의 리더는 담임목회자이다. 따라서 하나님이 명령하신 교회의 기초에 근거한 목회철학과 비전을 근거한 목적 있는 목회가 다시 한번 한국교회의 침체기를 극복하고 건강하고 역동력 있는 교회를 세우기 위한 좋은 대안이 될 것을 확신한다. 하나엘 교회는 주의 장막비전이라는 목회 매뉴얼이 완성되고 나서 성도들에게 분명한 목적을 제시함으로 목적이 이끄는 역동적인 교회의 모습으로 변화되어가는 열매를 맺고 있다.

윌로우크릭 교회를 세운 빌 하이벨스(William Hybels) 목사님은 그의 책 『윌로우크릭 커뮤니티 교회』에서 하나님이 부르신 지도자의 특징을 아래와 같이 소개했다.

> 지도자는 비전을 제시할 능력을 가지고 있다.
> 지도자는 사람들을 뭉치게 하는 능력을 가지고 있다.
> 지도자는 사람들에게 영감을 불어넣고 동기를 부여한다.
> 지도자는 긍정적인 변화의 필요를 알아채고 그 변화를 이끌어 낸다.
> 지도자는 혁신적인 가치를 세운다.
> 지도자는 자원을 효과적으로 배분한다.

모든 목회자들은 이렇게 비전을 제시하고 그 비전을 수행해나갈 능력을 하나님께 받았다. 하나엘 교회는 주의 장막비전이라는 목회 매뉴얼이 완성되고 나서 성도들에게 분명한 목적을 제시함으로 목적이 이끄는 역동적인 교회의 모습으로 변화되어가는 열매를 맺고 있다. '목적은 무엇을 시도하는 것인가? 왜 그 일을 하고 있는가? 그 일을 어떻게 수행할 것인가?'에 대한 방향을 제시하고 원칙을 세워주기 때문에 교회를 하나 되게 하며 같은 목표를 위해 헌신 하게끔 한다. 나의 목회 매뉴얼을 소개받는 목회자들이 종종 이런 이야기를 한다. "우리 교회도 이런 프로그램은 다 가지고 있어요. 다만 종합적이고 체계적으로 제시만 안했을 뿐이에요." 그러나 성도들에게 한 눈으로 보여줄 수 있는 목회 매뉴얼과 구체적인 사역 매뉴얼이 있는 것과 그렇지 않은 경우는 큰 차이를 보인다. 교인들에게 목회의 비전을 제시하고 그 비전을 이루기 위한 구체적인 방법을 공유하며 함께 비전을 이루어내는 사람이 바로 목회자이다. 데니스 비커스(Dennis Bickers)의 『건강한 작은 교회』에서 효과적으로 비전을 전달하는 방법에서 설명하였듯이 목회자들이 교회를 향한 비전을 수립하고 나서 교인들의 동의를 끌어내지 못하는 이유를 몇 가지 소개하였는데 그중에 하나가 한번 비전을 전달하고 나면 모든 성도들이 비전을 다 이해하였다고 착각한다는 것이다.

목회자는 비전을 수립하기 위하여 오랫동안 연구하고 묵상하고 준비한 것이기에 모든 것이 쉬워 보이고 명백해 보이지만 그러한 과정에 참여 하지 않은 성도들은 비전이 쉽게 기억되지 않는다. 그래서 목회자는 계속 설득하고 반복해야 한다.

릭 워렌((Richard Duane Warren)은 "비전과 목적을 26일에 한 번씩 다시 말해야만 교회가 계속 올바른 방향으로 나아갈 수 있다"고 말했다. 데니스 비커스는 그가 비전을 가지고 사역을 추진하였을 때 중도에 사역을 포기하는 경우가 많았고 곧 다른 사역에 몰두하는 이유를 댄 서더랜드(Dan Southerland)의 설명을 빌려 이렇게 설명하였다.

"비전의 과정에는 항상 일탈의 위험이 존재한다. 우리는 목적 목표 전략에서 벗어나려는 경향이 있다. 우리는 무엇을 하고 있고 누구를 대상으로 일하고 있으며 또 왜 그렇게 하고 있는지를 쉽게 망각한다. 사람들은 비전을 반복해서 들어야 할 필요가 있다. 그래야만 비전이 그들의 일부가 된다. 한마디로 비전이 그들의 비전이 될 때까지 거듭 강조해야 한다. 계속 들어야만 비전을 잊지 않는다."

목회 사역 가운데 계속해서 비전을 강조하는 실제적이고 좋은 방법이 비전을 도식화하는 것이다. 비전을 도식화한 한 장의 그림은 좋은 전달 매개체가 된다. 하나엘 교회는 성경공부 때나 매년 사역자수련회 때 주의 장막비전을 가르치고 숙지시킨다. 그래서 모든 성도들이 교회의 비전을 언제나 기억할 수 있다.

지도자의 중요한 자질 중 하나는, 어떤 일을 시작하기 전에 마음속의 눈을 통해서 "그 결과가 어떨까?" 하는 모습을 투시하는 것이다. 미래에 대한 명확한 그림은 그의 사역에 추진력을 제공해 준다. 그러나 지도자 혼자만의 비전은 교회 안에 중요한 변화나 조직화 된 운동을 일으키기에는 역부족이다. 따르는 사람이 없는 사람은 지도자가 아니다. 건강한 교회 회복의 1차적 목표는 교회의 가치를 정립하고 교회의 방향과 비전과 목회의 우선순위를 정하는데 토대가 되는 목회 매뉴얼을 만들어 내는 일이다. 그리고 그 목회 매뉴얼대로 교회의 상황에 맞게끔 매뉴얼에 나와 있는 비전을 어떻게 구체적으로 시행할 것인가를 연구하고 계획을 수립하여 목회리더십을 발휘하는 것이 건강한 목회를 이루어내는 핵심이다.

목회 매뉴얼의 유익

하나엘 교회가 하나엘 비전을 계획하고 그 사역 매뉴얼대로 시행하였을 때 얻어진 유익들을 소개하고자 한다.

첫 번째는 교회공동체에 동력을 제공하게 되었다.

매년 1월 하나엘 교회 임직수련회인 사역자 수련회에서 주의 장막비전을 토대로 한 1년 목회사역계획서를 나누고 이것을 위해 기도할 때 이미 성도들은 공감대를 이루고 같은 목표를 가질 수 있기에 연합의 동력을 얻게 된다.

두 번째는 교회사역에 집중력을 주었다.

목회 매뉴얼이 제시되어 있기에 모든 교회 사역은 목회철학에 근거한 구체적인 사역을 시행할 수 있는 집중력을 얻게 되었다. 예를 들어 하나엘 교회는 주의 장막비전에서 제시한 5가지의 주의 장막에서 선교를 이루기 위해서 매년 봄에 해외단기선교를 계획하고 가을에는 주의 장막비전의 하나인 전도를 이루기 위해서 새생명축제를 계획하고 시행한다. 매년 이루어지는 사역이라 과거의 경험을 살리면서 매년 더 나은 계획을 만들고 집중하여 좋은 열매를 맺고 있다.

세 번째는 교회를 위한 자발적인 협력을 이끌어내고 있다.

모든 성도들이 교회의 비전과 구체적인 사역의 내용을 알고 있기에 자신의 은사에 맞게끔 자발적으로 참여하고 헌신하게 된다. 예를 들어 전도에 은사가 있는 성도들은 자원하여 매주 진행되어지는 수요 전도팀에 들어가서 전도에 헌신한다. 또는 선교에 관심이 있는 분들은 해외단기선교에 신청서를 내고 직접 해외단기선교에 참여한다. 또한 양육의 필요성을 아는 성도들은 교회가 제시하는 양육프로그램에 의해서 성경공부가 진행될 때 성경공부 신청서에 신청하여 성경공부에 열의를 보이기도 했다.

네 번째는 교회에 대한 불만을 해소한다.

주의 장막비전 매뉴얼이 없었던 개척당시에는 때때로 성도들이 담임목회자인 저자를 찾아와서 불만을 토로할 때가 있었는데 많은 내용이 "왜 우리 교회는 선교가 없어요? 왜 우리 교회는 이것이 없고 저것이 없어요? 왜 체계적이지 못해요?" 그때그때마다 교회의 형편과 사정을 설명하고 앞으로는 이런 비전이 있다는 설명을 하여도 성도들은 만족하지 못하였다. 그러나 주의 장막비전을 세우고난 이후에는 성도들이 교회에 대하여 긍정적인 평가를 내리고 있고, 비전 있고 목적이 분명한 건강한 교회를 다니고 있음을 자긍심으로 여기기도 한다. 혹 지금 교회에서 부족한 부분이 보여도 인내하고 소망 가운데 긍정적으로 교회사역에 참여하고 있다.

다섯 번째는 교회가 활동적이게 되는 것이다.

현재 하나엘 교회는 아주 활동적이고 밝다. 처음교회에 등록하는 새 가족들이 교회를 평가할 때 공통적으로 말하는 것은 교회가 밝고 활기차다는 것이다. 그것은 모든 성도들이 저마다 교회의 사역에 직간접적으로 교회사역에 동참하며 함께 세워나가는 기쁨을 누리고 있기 때문이다.

여섯 번째는 교회가 한 믿음을 공유하는 것이다.

하나엘 교회가 건강하게 바르게 성장하고 있다는 믿음을 모든 성도들이 공유한다는 것이다. 이것은 결국 담임목사의 리더십을 인정한다는 것이고 이런 공감대가 형성된 교회에서 목회한다는 것은 정말 행복한 일이라고 여긴다.

목사와 성도가
행복한 교회

　개척초기에 일관성 있는 목회철학과 원리가 없음으로 몇몇 중요한 성도가 교회를 적응하지 못하고 떠나고 성도들의 갈등과 방황으로 인하여 고민할 때는 정말 목회가 행복하지 못하였다. 교회는 본질과 원리가 충분히 이해된 가운데 비전을 공유하며 함께 사랑을 나누며 끊임없이 재생산하는 공동체로 자리매김할 때 건강하게 자랄 수 있다. 이것을 나중에 깨달은 나는 성경에 근거한 바른 교회관을 가지고 건강한 목회 매뉴얼을 만들고 그것을 시행하고자 지난 수년간 노력하였다. 그 결과 그리스도를 중심으로 하여 체계적인 양육과정을 통해 평신도를 교육하고 명확한 목회비전에 의해 함께 세워나감으로 점점 건강해져 가는 교회의 모습을 볼 수 있게 되었다.

　건강한 교회 회복의 1차적 목표는 교회의 가치를 정립하고 다시 세우는 일이다. 건축가가 설계도 없이 대충 머리로만 그려진 것으로 집을 지으려고 할 때 얼마나 많은 어려움과 시행착오가 있겠는가? 우리 교회의 핵심가치를 정의하고 교회가 궁극적으로 추구하는 중심가치가 있을 때 바르고 건강한 교회가 세워진다. 목사가 교회의 방향과 비전과 목회의 우선순위를 정하는데 토대가 되는 목회 매뉴얼을 가지고 있으면 적어도 목회본질과는 전혀 상관없는 사소한 일들로 인하여 목회 초기부터 힘을 빼는 낭비를 줄일 수 있을 것이다. 이제 하나엘 교회는 15주년을 맞고 있다. 2012년 새 성전을 건축하고 난 이후 미래지향적인 비전을 가지고 행복하게 성장하고 있다.

많은 사람이 반려견을 좋아하고 키우고 싶은 욕심에 너무 쉽게 입양을 하여 7~8개월 정도에 배변 문제 분리불안 증세, 소음 문제 등을 해결하지 못하여 파양을 시키고 그렇게 한번 파양된 반려견들은 이별에 대한 상처 때문에 어느 곳을 가더라도 적응을 잘 하지 못하고 문제견으로 일생을 보내는 경우가 많다. '세상에 나쁜 개는 없다'고 말한 강형욱 훈련사는 "사람들이 반려견에 대한 정보와 양육에 대한 사전 지식 없이 그냥 키우다가 문제 때문에 힘들어지면 결국은 반려견과 견주 모두 불행하고 서로 힘들어지고 결국은 이별하는 아픔을 겪게 된다"고 하였다. 그래서 반려견을 키우는 견주들에게 꼭 당부하는 것은 "반려견에 대한 사전지식과 양육 매뉴얼을 숙지하고 가장 중요한 것은 그 매뉴얼 대로 인내를 가지고 꾸준히 진행하면 반드시 문제가 해결되고 견주와 반려견 모두에게 행복한 시간이 된다"고 하였다. 반려견을 사랑하는 것보다 중요한 것은 양육과 훈련 매뉴얼이라는 것이다.

많은 목사님들이 교회를 사랑하고 교인을 사랑하고 헌신된 마음으로 목회를 하지만 어떤 상황에도 흔들리지 않고 꾸준히 시행할 목회 매뉴얼 없이 목회를 하다가 어려움을 당한다. 사실 이런 준비 없는 목회로 인하여 더욱 상처받는 분들은 성도님들이다.

다변화되어가고 다양화되어가고 있는 현대사회에서 목회란 결코 쉽지 않다. 신학교에서 배운 신학적 지식과 복음의 열정만으로 목회에 뛰어들었다가 온갖 장벽을 경험하고 패배의식과 매너리즘에 빠져 지쳐있는 목회자들이 많다. 바울은 "마귀의 궤계에 승리하기 위하여 전신갑주를 입으라"고 하였다. 즉 전투를 위하여 준비하라는 것이다. 목회는 또 다른 의미에서 전투다. 교회가 건강하게 세워지기를 싫어하는 마귀의 공격에 싸울 수 있는 전투준비가 필요하다. 이러한 목회전투의 준비 중에 하나가 건강한 목회철학에 의한 목회 매뉴얼이다. 다윗이 사울이 준 갑옷을 벗은 이유는 무엇인가? 몸에 맞지 않았기 때문이다. 목회도 내 몸에 맞는 매뉴얼이 있어야 한다.

목회는 목회적 상황과 성도들의 상태, 영적 지도자의 은사에 따라 적합하게 운영되고 세워져야 한다. 목회 매뉴얼을 통하여 교회를 건강하게 세워나가고 성도들을 건강하게 양육해 나간다면 하나님이 기뻐하시는 교회 목사와 성도가 행복한 교회 모든 성도들이 기쁨으로 자원하여 섬기는 교회의 모습을 보게 될 것이다.

바울이 목회 초년생인 디모데에게 "만일 내가 지체하면 너로 하여금 하나님의 집에서 어떻게 행하여야 할지를 알게 하려 함이니 이 집은 살아 계신 하나님의 교회요 진리의 기둥과 터니라"(딤전 3:15)고 말하며 교회를 어떻게 세워야 함을 가르쳐 주고 싶었듯이 부족하지만 초보 목회의 많은 시행착오를 통해 얻어진 경험으로 만들어진 '주의 장막비전'이 살아계신 하나님의 교회를 더 견고하게 세우는 데 귀한 도구로 쓰임받고 있다.

"목회는 목회적 상황과 성도들의 상태,
영적 지도자의 은사에 따라
적합하게 운영되고 세워져야 한다."

manual 5

첨부자료

교회에서 시행한 전도 매뉴얼

하나엘 교회 주의 장막비전 전도 매뉴얼

하나엘 교회는 매년 10월에 전도 새생명축제의 프로그램을 진행하고 있다. 아래에 소개하는 전도 매뉴얼 자료는 2015년에 행한 새생명축제이다.

2015년 하나엘 교회에서 영혼구원의 목적을 가지고 전도매뉴얼대로 프로그램을 진행하였다. 하나엘 교회 성도들이 108명의 태신자를 품게 되고 새생명축제 당일 날 80명을 교회로 인도하였으며 그 중 50명 정도가 예수를 믿기로 영접기도를 하였고 현재 15명 정도가 정착을 하여 신앙생활을 하고 있다. 매년 하나엘 교회는 새생명축제를 통하여 아름다운 열매를 맺고 있다. 전도 새생명축제를 위한 시행 지침들을 소개하면 아래와 같다.

- 매년 10월 달 중 한 주일을 정한다.
- 한 달 동안은 모든 사역을 전도에 집중한다.
- 전도 작정주일에 성도들에게 전도 태신자 작정을 하게 한다.
- 전도용 선물을 준비하여 공급한다.
- 전도대상자들을 새생명축제 전에 두 번 만나야 한다.
- 교회에서는 전도대상자들을 만났는지 매주 체크한다.
- 한 달 동안 전도의 동력을 위하여 전도를 주제로 설교한다.
- 전도 대상자들을 위한 중보기도를 한다.
- 새생명축제 주일에는 복음을 전하고 영접기도로 초청의 시간을 가진다.
- 행사당일 새가족부에서 전도되어진 사람들을 추후 관리하여 정착을 하게한다.

2015 새생명축제 준비 일정

날짜	내용
9월 20일 주일	현수막 게시
9월 27일 주일	선물 구입
10월 2일 금요일	준비 기도회(원주희 목사)
10월 4일 주일	전도 대상자(VIP) 작성
10월 10일 토요일	교회 홍보의 날, 주중 전도대상자(VIP) 관리
10월 11일 주일	전도대상자(VIP) 미팅주간, 주중 전도대상자(VIP) 관리

2015 새생명축제 전도 기획안

구분	내용
목적	"너희는 온 천하에 다니며, 만민에게 복음을 전파하라"(막 16:15)는 주님의 명령 아래, 주님께서 우리에게 주신 다양한 은사와 방법으로 주님의 말씀을 전하는데 있다.
일시 및 장소	**일시** : 10월 18일(주일), 오전 11시 **장소** : 하나엘 교회 본당
내용	음악회, 간증, 문화행사 등의 형태로 진행되었던 기존 행사의 틀을 좀 더 발전시켜서, 초청자에게 실제적인 복음을 전하고, 예배를 경험하게 하는 것에 중점을 두었던 2014년 새생명축제의 내용을 다시 진행
진행계획	• 전도 간증 집회 • 각 목장 및 개인별 VIP 선정 • VIP를 전도하기 위해 교회에서 준비한 선물 발송 • 선정된 VIP를 대상으로 중보기도 • 축제 당일 예배로 초청 • 축제 당일 준비된 예배 및 2부 행사(가든 파티)

2015 새생명축제 행사 내용

구분	내용
VIP 초청	• **목장별 초청**: 목장별로 VIP를 선정하고, 선정된 전도 대상자들에게 교회에서 제공하는 선물을 전달하고, 새생명축제 행사 당일(10/18)에 교회로 인도한다. • **개인별 초청**: 목장에 소속되어 있지 않은 개인들은, 개인별로 자신이 전도하고자 하는 대상자에게 교회에서 제공하는 선물을 전달하고, 새생명축제 행사 당일(10/18)에 교회로 인도한다.
전도 간증 집회	• 10/2(금) 원주희 목사(샘물호스피스선교회 회장) 전도 간증 집회 실시. • 성도들에게 전도의 관한 도전을 줄 수 있는 강사(원주희 목사)를 초청하여, 행사를 앞두고 전도에 관한 열의를 고취시킬 수 있도록 한다.
행사 당일 예배	1. 연합예배 2. 본당 장식 3. 안내팀, 주차팀 단정한 복장 준비, 명찰 착용 4. 예배 전 찬양팀 운영, 예배 후 찬양팀 운영 5. VIP 좌석 마련 6. 환영의 시간 7. 특송
전도 선물	목장 또는 개인별로 선정한 전도대상자에게 전도용 선물 전달

2015 새생명축제 행사 진행팀 구성 및 회의 일정

구분		내용
진행팀		• 행사 준비과정의 점검, 행사 당일 각 팀의 통솔 및 진행상황 파악, 목장 통한 전 성도 참여 독려 • 행정지원, 전도선물, 현수막 제작
미디어팀		행사 준비과정과 행사 당일의 사진, 동영상의 촬영
새신자팀		축제를 통해 새로 등록한 신자들을 대상으로 교회적응, 예배참석 유도
안내팀		행사 당일 단정한 복장으로 행사 참석자의 좌석 배치 및 안내
찬양팀		예배 전, 후 찬양
중보기도팀		전도자와 VIP를 위한 중보기도
주방팀		행사 당일의 식사 준비
주차관리팀		행사 전후의 주차관리
회의	10/4 주일	• 대상 : 전체 팀 담당자. • 내용 : 각 팀의 담당자 발표 및 전체 준비 일정 나눔 • 행사 진행팀 첫 모임 • 찬양팀 및 행사당일 예배관련 봉사자 행사 당일 예배관련 회의
	10/11 주일	• 대상 : 전체 팀 담당자. • 내용 : 각 팀당 역할 재검토 및 준비사항 점검. 행사 당일 예배 점검 • 행사 진행팀 마무리 모임
전도 날짜 및 형식	10/17 토요일 오후 12시	남녀전도회와 목장을 주축으로 교회인근 아파트에 교회안내지 배포
전도 지역		써니밸리아파트, 신창아파트, 현대아파트, 쌍용아파트
협조사항		10/17 토요일 전도행사 후 저녁식사

2015년 새생명축제 행사 일정표

날짜		내용
17 토		• 교회 마당에 식사용, 배식 코너용, 행운권 추첨용 등 테이블, 의자 세팅 • 행운권 추첨을 위한 음향장비 세팅 • 식재료 준비사항 확인
18 주일	1부	• 새가족 초청 예배 • 10월 18일 주일, 오전 11:00 • 기쁨과 은혜가 가득한 복된 소식
	2부	• 가든파티 10월 18일 주일, 오후 12:00 • 뷔페 점심식사, 행운권 추첨

2015년 새생명축제

또 이르시되 너희는 온 천하에 다니며
만민에게 복음을 전파하라
(마가복음 16:15)

오곡백과 무르익고 단풍이 곱게 물들어가는
아름다운 계절에 하나님의 은총이 가내에
가득하시길 기원합니다.
우리의 소망과 사랑도 함께 영글어 가는
이 추수의 계절에 저희 하나엘 교회에서
여러분을 위한 새생명축제를 마련했습니다.
꼭 오셔서 함께 아름다운 시간을
나누시길 소망합니다.
하나님은 당신을 사랑하십니다.

하나엘 교회 담임목사 김형철

하나엘 교회
경기도 용인시 기흥구 사은로 203 하나엘 교회 (031) 274-1441

2015년 새생명축제 전도 설교의 목적

성도들에게 전도에 대한 동기부여와 실천 가능한 범위를 설정해주고 불신자들에게 복음을 전한다는 목표를 세우고 4주간 주제별로 설교를 준비하였다. 설교의 내용을 아래와 같이 요약해 보았다.

1) 뿌리는 전도도 즐거운 일입니다.

성도들에게 전도의 결과에 대한 부담을 줄여주고 결과에 상관없이 전도하는 그 자체가 귀한 것임을 가르친다. 지금 당장 열매가 없어도 뿌리는 전도 자체에 의미를 두게 한다.

2) 부득불 할 일

주님을 사랑하는 그리스도인은 반드시 전도에 관한 거룩한 부담을 가져야 하며 전도는 주님의 대사명이기에 순종해야 할 신앙의 필수 코스임을 확인시킨다. 전도를 못하는 핑계거리에 대한 대안을 제시하고 전도에 대한 상급을 소개한다.

3) 세상은 전도자를 기다립니다.

우리의 전도를 기다리는 준비된 영혼이 많이 있음을 믿음의 눈으로 바라보아야 한다. 나의 전도를 기다리는 영혼이 있음을 믿을 때 전도에 열정이 생긴다.

4) 새생명축제 주일 복음설교

　인생에 종말이 있음을 알게 하고 그 종말은 생각보다 훨씬 빨리 다가오고 있음을 상기시킨다. 죽음의 운명을 기다리고 있는 인생에 대하여 고민하게 한다. 인생의 허무함에 대하여 설명하고 죄를 해결할 수 없는 인간의 연약성을 지적한다. 이러한 문제의 해결이 예수 그리스도임을 소개한다. 결단을 권면하고 예수 그리스도를 구주로 영접하는 기도를 드린다.

새생명축제 전도 설교① (2014/09/21 주일설교요약)

뿌리는 전도도 즐거운 일입니다

요한복음 4:36 (3:1-21, 19:39-42)

"너희는 넉 달이 지나야 추수할 때가 이르겠다 하지 아니하느냐 그러나 나는 너희에게 이르노니 너희 눈을 들어 밭을 보라 희어져 추수하게 되었도다 거두는 자가 이미 삯도 받고 영생에 이르는 열매를 모으나니 이는 뿌리는 자와 거두는 자가 함께 즐거워하게 하려 함이라"(요 4:35-36)

이제 저희 교회가 새생명축제를 한 달 앞두고 있습니다.

"신앙생활에 있어서 제일 부담 되는 설교는 무엇입니까?"라는 질문을 했습니다. 그랬더니 첫 번째가 '전도설교'였습니다. 저는 이번 주 부터 4주 동안 성도님들에게 가장 부담스러운 설교를 하려고 합니다. 전도는 하나님이 우리에게 주신 명령이고 그것도 대명령이고 필수적인 일입니다. 우리는 전도가 중요하다는 것을 알고 있습니다.

그런데 우리가 전도를 꺼려하는 이유는 무엇입니까? 여러 가지가 있겠지만 가장 큰 이유는 전도의 결과 때문일 것입니다. 갑자기 누군가에게 전도하려고 하면 분위기가 어색해집니다. 그런데 그 어색한 분위기를 전도대상자보다 전도하는 본인이 더 크게 느낄 때가 많습니다. 그리고 전도가 잘 안 될 것이라는 부정적인 생각이 듭니다. 다른 믿음은 적은데 내가 전도할 사람이 전도될 것 같지 않다는 믿음은 큽니다. 그리고 영적인 부분에는 무관심하고 세상적인 삶을 즐기고 있는 저들에게 '전도해 봤자. 과연 무슨 소용이 있겠느냐?'라는 생각이 들어 전도에 주춤하게 됩니다.

제가 이번 주 읽은 빌 하이벨스 목사님의 책 『사랑하면 전도합니다』에 보면, 이런 내용이 있습니다. "왜 평생 한 번도 전도 안 하셨습니까?"라는 질문에 어떤 성도가 "나는 하나님이라는 짐으로 누구에게나 부담 안 주기로 작정하였습니다." 하나님의 마음을 전혀 모르는 분들이 할 수 있는 답변입니다.

주님을 사랑하는 성도는 주님의 마음을 알기에 당연히 전도에 부담을 가집니다. 누가복음 15장에는 주님이 잃어버린 양에 대한 비유를 통하여 하나님의 마음을 모르는 바리새인들과 율법학자들을 지적하셨습니다. 양을 잃어버린 선한목자에게는 그 어떤 것도 진정한 위로와 기쁨이 되지 못합니다. 잃어버린 양을 찾으러 들로 산으로 나가는 목자의 심정을 알고 그 목자를 사랑한다면 목자가 지금 제일 중요하게 생각하는 것들 즉 잃어버린 양을 찾는데 있어서 거룩한 부담을 가지고 사는 것이 마땅한 것입니다. 그래서 한 달 동안 저는 성도들에게 이런 부담을 주려고 설교하려고 합니다. 성도님들은 한 달간 전도 설교를 들으면서 전도에 대하여 부담을 가지는 계기가 되기를 원합니다.

우리가 사랑하는 나의 가족들, 친구들, 직장 동료들, 학교 선후배들, 이웃들에게 전도를 할 때, 그들이 우리의 말 한마디에 "그래. 그동안 나도 인생에 대해서 구원에 대해서 고민을 많이 했는데 예수님 믿어 볼게. 교회 나가볼게" 하고 선뜻 응해주는 사람은 거의 없습니다.

"그런 말 하려면 나하고 만나지 말자. 교회 다니는 놈이 더 나쁘더라" 이렇게 나오면 패배감이 듭니다. 마음속으로 '전도는 안 되는 거구나. 전도가 실패했다'라고 낙심합니다. 그리고 부흥회나 세미나에서 전도 간증을 들으면, 주안 교회 안강자 권사는 6,000명을 전도하였고, 순천 박병선 집사님은 3,000명을 전도하였다고 합니다.

이런 간증 들으면 '아 전도는 저런 특별한 분만 하는구나' '나 같은 평범한 자는 해당사항이 없다'고 오히려 주눅이 듭니다. 그래서 오늘 이시간은 '과연 전도는 성공이 있고 실패가 있는가?' '무엇이 성공이고 무엇이 실패인가?' '전도했는데 그분이 예수 믿으면 성공이고 안 믿으면 실패인가?'에 대해 생각해 보려고 합니다.

오늘 예수님은 본문을 통해서 "뿌리는 자와 거두는 자가 함께 즐거워하려 함이니라"고 말씀하십니다. 거두는 자는 전도의 성공, 즉 열매를 본 자를 말합니다. 반대로 뿌리는 자는 전도의 열매를 보지 못한 자, 전도의 실패자를 말합니다.

본문은 주님이 사마리아 여인을 전도하고 열매를 맺은 후에 하신 전도에 관한 말씀입니다. 사마리아 전도는 즉시 열매를 맺었습니다. 거두는 기쁨을 가졌습니다. 그러나 사마리아 전도 바로 앞에 니고데모의 전도에 대한 내용이 나옵니다.

요한 저자는 두 가지 사건을 나란히 열거하고 주님의 이 말씀을 전하는 것 보면 거두는 전도는 사마리아 여인을 말하고, 뿌리는 전도는 니고데모라고 추측이 가능합니다. 예수님은 친절하게 복음의 핵심을 니고데모에게 설명하셨습니다. 니고데모는 유대인의 지도자였습니다. 그런 그가 주님에게 복음의 핵심을 듣게 되었습니다.

3장 16절 보시겠습니다. "하나님이 세상을 이처럼 사랑하사 독생자를 주셨으니 이는 그를 믿는 자마다 멸망하지 않고 영생을 얻게 하려 하심이니라."

요한복음 3장에 보면 니고데모는 바로 영접하지 않았던 것 같습니다. 니고데모의 반응에 대하여 어떤 기록도 없습니다. 그러나 그 뿌린 말씀에 하나님이 역사하셨습니다.

"일찍이 예수께 밤에 찾아왔던 니고데모도 몰약과 침향 섞은 것을 백 리트라쯤 가지고 온지라 이에 예수의 시체를 가져다가 유대인의 장례 법대로 그 향품과 함께 세마포로 쌌더라"(요 19:39-40)

모두에게 사형받아 마땅하다고 낙인찍힌 예수님의 장례식을 니고데모가 주도하였습니다. 특히 그는 값비싼 몰약과 침향을 섞은 향료를 백 근이나 가져옵니다. 향료 백 근은 당시 왕의 장례식 때에 필요한 양으로 왕의 장례식 때에는 몰약과 침향을 섞은 향료 백 근을 사용했습니다. 공의회 회원으로 왕의 장례식에 대한 규례를 잘 알고 있었던 니고데모는 예수님의 장례 때 향료 백 근을 가져와 왕의 장례식을 치루었습니다. 이것은 무엇을 말해주는 것입니까? 결국 나중에 전도의 열매가 맺혔음을 알려줍니다.

니고데모는 예수님이야말로 진정 자신의 왕이요, 메시아요, 구원자라는 사실을 믿고 받아들인 것입니다. 결론적으로 말하면 예수님이 죽으신 후에 열매를 맺었습니다.

그래서 지금 당장 열매가 없어도 뿌리는 전도 자체에 의미를 두어야 합니다. 거두는 전도만 생각하고 전도 열매의 기쁨만 생각하니깐 부담스러운 것입니다. 뿌리는 기쁨도 가져야 합니다. '내가 뿌리면 언제나 하나님이 역사하신다'는 믿음을 가져야 합니다. 전도의 결과는 하나님에게 맡겨야 합니다. 나는 전도의 사명을 감당하기 위하여 전도하는 것 자체를 기쁨으로 여겨야 합니다.

빌 하이벨스 목사님께서 쓰신『사랑하면 전도합니다』라는 책에 보면 그 전도 철학이 전통적인 전도 철학과 많이 달랐습니다. 전통적인 전도 철학은 전도 대상자를 바라볼 때 구원 받지 못한 자와 이제 구원 받은 자 즉 이분법으로 나누어 생각했습니다. 그런데 이 교회는 전도

대상자를 영적 상태에 따라 마이너스 10에서부터 플러스까지로 분류합니다. 그리고 마이너스 10은 기독교에 전혀 관심이 없고 배타적인 사람이고 플러스 1은 복음을 듣고 믿어 구원 받은 신자입니다.

마이너스 10에 있는 사람에게 전도하면 너무나 부정적이고 배타적이라 교회를 욕하거나 심하게 반박할 수 있습니다. 그러면 속으로 '저런 사람에게는 절대로 전도하면 안 되겠다'고 생각하게 됩니다. 그런데 이 교회는 말하길 마이너스에서 플러스로 넘어가는 순간, 곧 전도 대상자가 복음을 듣고 영접하는 순간만이 전도가 아니라, 기독교에 대해 관심도 없고 배타적인 마이너스 10의 사람을 마이너스 8로 이동시키는 것, 즉 찾아가서 섬기면서 관계를 맺고 더 나아가 서로의 삶을 나눌 수 있는 관계로 발전하는 것, 이것 역시 전도라고 합니다.

여러분! 우리 하나엘 교회는 십여 년 동안 매해 10월중에 전도 축제를 하였는데 많은 사람들을 데리고 왔지만 그들이 다 예수 믿은 것은 아닙니다. 어느 해는 10%도 열매 맺지 못할 때가 있었습니다. 그러나 어떤 연유이든 그들이 교회에 발걸음을 한번 옮겼다는 것만으로도 그들에게 1%의 전도를 한 것이라고 믿습니다.

언제나 거두는 자만 주목하고, 열매만 주목하고 즐거워하는 이 시대에 하나님은 전도의 열매를 거둔 자만 기억하시는 것이 아니라 아직 거두지는 못했지만 뿌리고 또 뿌리면서 마이너스에서 조금씩 조금씩 플러스로 이동시키는 우리 모두의 수고를 기억하시고 동일하게 즐거워하십니다.

바울이 고린도전서 3:6에서 "나는 심었고 아볼로는 물을 주었으되 오직 하나님은 자라나게 하셨나니"라고 고백한 것처럼 하나님께서 우리를 사용하실 때에 사마리아 여인을 전도하는 예수님처럼 익은 열매를 거두는 자로 사용하시기도 하시고, 니고데모를 전도하는 예수님처럼 씨 뿌리는 출발점에 사용하시기도 하십니다. 또 전도의 중간 지점에 우리를 사용하시기도 합니다. 그러나 중요한 것은 오늘 본문의 말씀처럼 뿌리고 거두는 모든 것이 기쁘고 즐거운 역할이라는 것입니다.

왜 우리가 순종 못합니까? 전도의 결과를 내가 책임지려고 하기 때문입니다. 그래서 성도님들 이번 새생명축제에 한명을 전도 못 해도 됩니다. 그러나 뿌리는 전도는 해보십시오. 그것은 마음만 먹으면 할 수 있습니다.

저는 누가 처음에 전도의 씨를 뿌렸는가? 기억해 보니 초등학교 6학년 때입니다. 부산에 있는 서부교회 교사가 처음 전도의 씨를 뿌린 것 같습니다. 제가 친구들과 딱지치기 하고 놀고 있는데 그 교사가 놀고 있는 우리에게 다가와서는 천국과 지옥을 이야기해주었습니다. 저는 예수님을 믿어야 지옥에 가지 않고 천국에 갈 수 있겠다는 생각에 내일 주일날 아침에 약속장소에서 만나기로 하였습니다. 그런데 늦잠을 자서 10분 늦게 나가는 바람에 교회로 가는 봉고차를 못 탔습니다. 그래서 교회와 연결되지 못했습니다.

그런데 제가 18살 때에 1983년 2월 28일 주일날 저의 오촌 아저씨가 저보고 한 번만 교회 가보자고 해서 교회를 나간 이후로 제가 은혜를 받고 주의 종으로 결심하여 목사가 된 것입니다. 저는 누가 전도했나요? 서부교회 교사입니까? 오촌 아저씨입니까? 서부교회 교사는 그날 제가 약속을 못 지켜서 허탕이라고 실패했다고 생각할 수 있습니다. 오촌 아저씨는 내가 김형철 목사를 전도하였으니 성공이라고 생각할 수 있습니다. 그런데 결론은 주님은 둘 다 인정해 줍니다.

지금 생각하면 서부교회 교사는 뿌리는 전도를 한 것이고, 오촌아저씨는 거두는 전도를 한 것입니다. 넓은 의미에서 우리가 직접 복음을 전하지 못해도 예수님께로 인도하는 모든 것은 뿌리는 전도가 됩니다.

그래서 우리는 복음 전도에 있어서 표지판이 되면 됩니다. 우리가 다른 이웃들을 조금이라도 예수님에게로 방향을 제시하는 모든 일은 모두 간접적이지만 뿌리는 전도가 될 수 있습니다.

그것이 우리의 착한 행실일 수도 있고 우리의 작은 섬김일 수도 있습니다. 저의 친척 중에 한 분은 저에게 말하기를 본인은 교회는 안다니기로 결심을 하였다고 합니다. 내용인즉슨 이전에 쌀집을 운영하였는데 본인에게 교회 나오라고 늘 전도한 사람이 1년 동안 외상으로 쌀을 가져다 가고는 외상 값 받으러 가니깐 결재도 없이 이사갔다고 합니다. 그래서 교회 다니는 사람은 항상 조심해야 합니다. 우리의 행동 자체가 전도의 문이라는 것을 알아야 합니다. 그들의 닫힌 마음이 갑자기 열리는 것이 아닙니다. 그 딱딱한 땅에는 열매를 못 맺습니다. 주님은 씨 뿌리는 비유를 통하여서 열매 맺지 못하는 이유는 돌짝 밭, 가시 떨기 밭, 길가 등 땅이 문제라고 하였습니다.

여러분 이 땅을 누가 부드럽게 작업해야 합니까? 이 땅을 고르는 작업이 우리가 해야 할 사명입니다. 돌을 거두고 밭을 갈고 부드러워지면 그곳에는 열매를 맺습니다.

그 땅 고르기 작업을 해야 합니다. 그 땅 고르는 것이 착한 행실·섬김·정직성·사랑인 것입니다. 그러나 그럼에도 불구하고 우리의 착한 행실과 섬김 자체가 영혼의 구원을 만들지 못합니다. 씨가 열매를 맺듯이 영혼의 구원전도는 오직 복음으로만 가능합니다. 반드시 그 영혼에 복음의 씨를 뿌려야 합니다.

영혼의 구원은 복음을 통해서만 가능합니다. 축구에서 목표는 골인입니다. 골인이 되어야 승리가 가능합니다. 수비는 미드필드에게 미드필더는 공격수에게 공을 패스해야 합니다. 그런데 수비끼리만 공을 주고받으면 안 되죠. 골라인으로 공을 패스해야 합니다. 저는 새생명축제 때 성도님들이 불신자들을 교회로 인도하는 것은 골라인 까지 인도한 것과 같다고 봅니다. 그리고 골인은 실제적으로 선수가 골대 안으로 슛 하여야 가능합니다. 저는 슛하는 것이 복음을 전하는 것이라고 생각합니다. 교회만 데리고 오면 이제 구원이 눈앞에 온 것입니다. 그래서 여러분 10월 19일 주일날 데리고 오면 여러분은 골라인까지 데리고 오는 것입니다. 어시스트하는 선수입니다.

그러면 공격수는 누구일까요? 저예요. 제가 그날 복음을 전합니다. 여러분들도 공격수가 되고 싶으면 직접 복음을 전하면 됩니다. 우리가 어떤 방법이든 불신자들을 교회에 초청하여 주일날 실제적으로 복음

설교를 듣게 하는 작전을 써야 합니다.

성도님들은 너무 큰 부담을 가지지 말고 표지판 역할만 해도 괜찮습니다. "저쪽으로 가라"라고 외치십시오. 증인이 되면 성령께서 역사하십니다. 여러분 표지판 역할만 하면 성령님이 가도록 유도하십시오. 선한목자는 양을 찾는 일이라면 전폭적으로 지원해줍니다. 방향을 제시해주기만 하더라도 성령님이 역사하여 그 곳으로 가도록 인도합니다.

한 믿음의 여인이 늘 이웃에게 친절히 대하고 베풀며 살았습니다. 그 중에 이웃에 있는 남자 청년에게도 친절을 베풀었습니다. 그리고는 어느 날 전도의 작전을 짠 것입니다. 청년에게 부탁을 하였습니다.

"전도 집회가 있는 데 내가 아파서 운전을 못 하겠으니 운전 좀 해다오"

그 청년이 할 수 없이 억지로 운전을 해주었습니다. 평소 존경하는 이웃 어머니 같은 여자였기 때문입니다. 그래서 표지판 역할만 한 것입니다. 그 집회에 은혜 받고 대 전도자가 되었습니다. 그가 바로 빌리 그래함입니다. 우리는 다 빌리 그래함이 될 수 없습니다. 그러나 빌리 그래햄을 데리고 갈 수는 있습니다. 여러분 교회 한번만 데리고 오면 그다음에는 성령님이 강하게 역사하십니다. 왜요? 성령님은 전도하는 일에 누구보다 열정이 있으시거든요. 여러분, 뿌리는 즐거움을 가지시기를 바랍니다.

전도 한 명도 못했어도 우리가 뿌리는 일에 동참을 하였으면 칭찬하십니다. 그러나 여러분이 "저는 하나님 불신자들에게 부담 안주기로 결심해서 아예 전도 안 했습니다" 하면 안 됩니다. 뿌리는 전도자가 되기로 이번 한 달 작정하는 성도님들 되시기를 바랍니다. 아멘.

새생명축제 전도 설교 ② (2014/09/28 주일설교 요약)

부득불 할 일

고전 9:16

"내가 복음을 전할지라도 자랑할 것이 없음은 내가 부득불 할 일임이라 만일 복음을 전하지 아니하면 내게 화가 있을 것임이로라"(고전 9:16)

하나님의 특별한 축복을 받으면서 승리의 삶을 사는 비결은 간단합니다. 하나님의 관심사를 이루면 됩니다. 하나님의 관심사에 맞추어 살면 하나님이 복을 주십니다. 예수님은 이 땅에 잃어버린 자를 찾아 구원하러 오셨습니다. 주님의 마음을 알아 볼 수 있는 사건 중에 하나가 간음하다 현장에서 잡힌 여인에 대한 이야기입니다. 간음하다 현장에서 잡혔으니 그 어떤 것도 변명되지 않습니다. 그러나 주님은 무엇이라고 하셨습니까? "나도 너를 정죄하지 않는다." 주님은 죄를 정죄하고 심판하는 일보다는 용서하고 구원하는 일을 위하여 오셨습니다.

주님의 비유 가운데 탕자의 비유 또한 하나님의 마음을 우리에게 알려줍니다. 아버지의 관심사는 둘째 아들이 돌아오는 것입니다. 아버지가 언제 가장 기쁘고 언제 행복하실까? 둘째 아들이 돌아오는 것이고 그 아들을 찾는 것이 행복인 것입니다.

우리는 주님에게 이런 찬송을 부릅니다.

"나 주님의 기쁨 되기 원하네 내가 원하는 한 가지 주님의 기쁨이 되는 것" 저는 우리가 진정 주님의 기쁨이 되는 삶은 전도에 있다고 확신합니다. 왜 우리가 전도해야 합니까? 주님의 대사명이기 때문입니다. 우리는 다 주님의 자녀로 부름 받았지만 동시에 주님의 제자로서도 부름 받았습니다. 또한 일군으로도 부름받았음을 알아야 합니다. 사도 바울은 오늘 본문 16절에서 전도는 당연히 해야 할 일을 하는 것이기 때문에 자랑할 것이 없다고 그랬습니다. 그러면서 전도는 "부득불 해야 할 일이다!"고 하였습니다. 심지어 전도를 하지 않으면 내게 화가 있을 것이라고 고백했습니다.

전도의 주제에 대하여서는 주님은 조건이나 설득을 한 적이 없습니다. 무조건 명령하십니다. 내 증인이 될 지니라. 모든 족속으로 제자를 삼아라. "때를 얻든지 못 얻든지 전파하라"

누가복음 14:23말씀에 보면, "주인이 종에게 이르되 길과 산울타리 가로 나가서 사람을 강권하여 데려다가 내 집을 채우라"고 말씀합니다.

우리는 그리스도인입니다. 그리스도인이라는 것은 그리스도가 내 인생의 주인이라는 뜻입니다. 이제 그분께 순종하겠다는 것입니다. 내 인생을 온전히 맡겨야 합니다. 그런데 주인의 제 1 요구사항에 대하여 무관심하다면 참된 그리스도인이라 말하기 어렵습니다.

주님이 우리에게 대 사명으로 전도를 명령하셨다는 것은 이 일이 주님의 관심사이고 또한 이일에 주님이 일하시고 있다는 것을 깨달아야 합니다. "말씀하시되 나를 따라 오너라 내가 너희를 사람을 낚는 어부가 되게 하리라"(마 4:19).

누가 사람을 낚는 어부가 되게 하십니까? 사람을 낚는 어부가 되게 하시는 분은 주님이십니다. 우리가 전도에 헌신하면 영혼을 구원하는 영적인 어부가 되게 하시는 분은 주님이라는 것입니다. 주님은 오늘도 여전히 영혼을 구원하고 살리는 일에 열심을 내십니다.

우리나라 최초의 선교사 중의 한 분인 언더우드 목사님의 기도를 소개합니다. 그가 미국 선교보고를 위한 편지에 이런 내용이 있습니다.

〈뵈지 않는 조선의 마음〉

주여! 지금은 아무것도 보이지 않습니다.

주님, 메마르고 가난한 땅

나무 한 그루 시원하게 자라 오르지 못하고 있는 땅에 저희들을

옮겨와 심으셨습니다.

그 넓고 넓은 태평양을 어떻게 건너왔는지

그 사실이 기적입니다.

주께서 붙잡아 뚝 떨어뜨려 놓으신 듯한 이곳

지금은 아무 것도 보이지 않습니다.
보이는 것은 고집스럽게 얼룩진 어둠뿐입니다.
어둠과 가난과 인습에 묶여 있는 조선 사람뿐입니다.
그들은 왜 묶여 있는지도, 고통이라는 것도 모르고 있습니다.
고통을 고통인줄 모르는 자에게 고통을 벗겨주겠다고 하면
의심부터 하고 화부터 냅니다.
조선 남자들의 속셈이 보이지 않습니다.
이 나라 조정의 내심도 보이질 않습니다.
가마를 타고 다니는 여자들을 영영 볼 기회가 없으면 어쩌나 합니다.
조선의 마음이 보이질 않습니다.
그리고 저희가 해야 할 일이 보이질 않습니다.
그러나 주님 순종하겠습니다.
"믿음은 바라는 것들의 실상이요, 보지 못하는 것들의 증거니"
라고 하신 말씀을 따라 조선의 믿음의 앞날을 볼 수 있게 될 것을
믿습니다.
지금은 우리가 서양귀신 양귀자라고 손가락질 받고 있사오나
저희들이 우리 영혼과 하나님 것을 깨닫고 하늘나라의 한 백성, 한
자녀임을 알고 눈물로 기뻐할 날이 있음을 믿나이다.
지금은 예배드릴 예배당도 없고 학교도 없고
그저 경계의 의심과 멸시와 천대함이 가득한 이 곳이지만
이곳이 머지않아 은총의 땅이 되리라는 것을 믿습니다.

언더우드가 복음의 사명을 감당할 때는 지금보다 10배 어려운 여건입니다. 그러나 그 사명을 감당하려고 할 때 하나님은 그 전도의 사명을 통하여 일하신 것입니다. 바울이 복음을 전하는 사명을 감당할 때도 쉬운 여건이 아니었습니다. 그러나 그는 부득불 해야 할 일이라고 여기며 전도사명에 순종하였을 때 바울을 통하여 전 세계에 복음을 전하는 전초기지인 소아시아 일곱 교회가 세워졌습니다.

하나님이 우리에게 주신 대사명에 대하여 우리는 너무 쉽게 생각하고 여러 핑계를 댑니다.

1) 저는 초신자입니다.

요한복음 4장에 등장하는 우물가의 여인을 보십시오. 그녀는 지금 막 구원받았습니다. 신앙의 경력도 스팩도 없습니다. 그녀는 전도에 관한 강의를 들어본 적도 없었습니다. 성경은 "여자의 말이 내가 행한 모든 것을 그가 내게 말하였다 증언하므로 그 동네 중에 많은 사마리아인이 예수를 믿는지라"(요 4:39)고 말합니다. 사실 초신자들이 구원받은 지 여러 해 지난 사람들보다 대체로 전도를 더 잘합니다. 왜 그렇습니까?

첫째, 초신자의 주변에 믿지 않는 사람들이 많기 때문입니다.

둘째, 초신자는 신앙생활에 대한 체험이 따끈따끈하기 때문입니다.

셋째, 초신자의 삶의 급격한 변화가 불신자들에게 영향을 주기 때문입니다.

성경은 그 어디에서도 구원받은 지 얼마가 지나고, 어느 정도의 지식이 있어야 전도할 수 있다고 말하지 않습니다.

2) 전도의 은사가 없습니다.

성경은 그 어디에도 전도가 은사(선물)라고 말하거나 암시하지 않습니다. 영적인 은사들이 있지만, 전도는 그 가운데 속하지 않습니다. 고린도전서 12:4는 "은사는 여러 가지나 성령은 같고"라고 말합니다. 고전 12:8-10은 성령의 은사를 열거합니다. 방언, 예언, 방언통역, 지식, 지혜, 영들 분별, 신유, 믿음, 능력 행함…"

그런데 전도는 하나의 영적 은사로 열거되지 않습니다. 전도는 은사가 아닙니다. 전도는 명령입니다. 성경은 로마서 10:13에서 "누구든지 주의 이름을 부르는 자는 구원을 받으리라"고 말합니다. 그리고 14절에서는 "그런즉 그들이 믿지 아니하는 이를 어찌 부르리요 듣지도 못한 이를 어찌 믿으리요 전파하는 자가 없이 어찌 들으리요"라고 묻습니다.

3) 전도할 기회가 없습니다.

지금 세계도처에 전도의 문이 닫히고 있습니다. 어느 나라에선 예수를 믿으면 공직자가 되지 못하고, 사업도, 직장도 가질 수 없습니다. 지금 전도의 문이 활짝 열려 있을 때 전도해야 합니다. 우리는 마음만 먹으면 언제, 어디서나, 누구에게나 전도할 수 있습니다. 이때를 놓치지 말아야 합니다. 우리처럼 전도하기 쉬운 시대에 살면서 "나는 주변에 전도할 사람이 없어요"라고 말하면 안 됩니다.

부득불 해야 할 전도에 순종하면 상급이 큽니다. 상 받고 축복받으려고 전도하는 것은 아니지만 전도에 대하여 반드시 상급이 있음을 알아야 합니다.

"지혜 있는 자는 궁창의 빛과 같이 빛날 것이요 많은 사람을 옳은 데로 돌아오게 한 자는 별과 같이 영원토록 빛나리라"(단 12:3)

주님의 목표는 영혼구원입니다. 주님은 영혼구원에 대하여서는 투자를 아끼지 않습니다. 현대 정몽구 회장은 기업의 목표를 위해서 그것이 필요하다고 느끼니깐 3~4조 정도의 가치가 있는 한전 부지를 10조로 낙찰받았습니다. 기업의 목표를 이루는 일에 필요한 땅은 이렇게 큰 대접을 받습니다.

천안하면 대명사처럼 불리는 것이 호두과자입니다. 학화 호두과자는 호두과자의 오리지널 과자입니다. 천안 중앙 교회 심복순 권사가 1934년 10월 12일 창업하였습니다. 75년 된 호두과자입니다. 19살에 결혼하여 호두과자를 만들어 팔기 시작하였습니다. 호도를 과자에 넣어 만드는 아이디어를 처음으로 생각하여 낸 사람입니다. 전도를 목적으로 만들었습니다. 호도를 만들어서 상자에 넣고 그 안에 반드시 전도지를 넣었습니다.

"내가 하나님을 광고하면 하나님이 나를 광고해 주신다." 이것이 기업 이념이었습니다. 경부선 열차가 천안에 도착하면 오가는 사람들이 선물을 준비 못 한 이들이 천안 호두과자를 구입하는 것이 상식처럼 되어갔습니다. 심복순 권사는 기도하였습니다. "하나님! 내가 단독으로 교회 50개를 세울 때까지 데려가지 말아 주세요."

그리고 호두과자를 팔아 남는 돈으로 여기 저기 교회를 짓기 시작하였습니다. 그런데 장사가 잘 되어 교회 50개를 지었는데도 죽지 않았습니다. 그래서 이번에는 이렇게 기도하였습니다. "하나님! 교회 50개 지을 때까지 살려 달라고 기도하였는데 50개 지어도 더 살아 있다는 것은 교회를 더 지으라는 명령인 줄 알겠습니다."

그리고 여기저기 교회를 계속 지었습니다. 90여개 교회를 단독으로 세웠습니다. 95세를 일기로 하나님의 부르심을 받았습니다. 하나님의 기쁘신 일을 하는 사람들에게 분명 이 땅에서도 하나님의 복이 있음을 믿습니다.

저는 우리 하나엘 교회가 전도에 열심을 내는 교회가 되어서 하나님의 마음을 기쁘시게 하고 아울러 모든 삶에 축복을 받는 하나엘 성도가 되시기를 원합니다.

새생명축제 전도 설교 ③ (2014/10/12 주일설교요약)

세상은 전도자를 기다립니다
요나서 1:2-4

"너는 일어나 저 큰 성읍 니느웨로 가서 그것을 향하여 외치라 그 악독이 내 앞에 상달되었음이니라 하시니라 그러나 요나가 여호와의 얼굴을 피하려고 일어나 다시스로 도망하려 하여 욥바로 내려갔더니 마침 다시스로 가는 배를 만난지라 여호와의 얼굴을 피하여 그들과 함께 다시스로 가려고 뱃삯을 주고 배에 올랐더라 여호와께서 큰 바람을 바다 위에 내리시매 바다 가운데에 큰 폭풍이 일어나 배가 거의 깨지게 된지라"(욘 1:2-4)

칠레 북부에서 대지진이 일어나 그 여파로 인해 광부구조 2010년 8월 5일 광부 33명이 매몰된 코피아포의 산 호세 광산 현장에 갇히게 됩니다. 17일 만에 탐사 봉으로 갇힌 광부들이 메시지를 전달했습니다. "33명

살아있고 안전한 공간에 있다." 대통령을 비롯하여 전 국민이 구조를 위해서 끊임없이 노력한 것은 그들의 구조를 간절히 기다리고 있는 백성이 있다는 사실을 알았기 때문입니다.

오늘 주님이 이 땅에 오셔서 무엇보다 전도에 관심을 가지고 또 우리에게 전도의 명령을 주신 것은 지금도 우리의 전도를 간절히 기다리는 영혼들이 있기 때문입니다. 우리는 그동안 하나님의 관점 그리고 전도인의 관점에서 설교하였습니다.

오늘은 전도의 대상자 불신자의 관점에서 설교하려고 합니다. 가장 전도가 시급한 것은 전도 대상자입니다. "모든 사람이 죄를 범하였으매 하나님의 영광에 이르지 못하더니"(롬 3:23). 모든 사람이 죄를 범하였다고 합니다. 그들에게는 죄의 문제가 해결되지 않았고 죄의 삯은 사망이요 그 후에는 심판이 있음이라 하였으니 불신자들은 영적으로 암 선고를 받은 것이나 다름없습니다.

누가 암에 걸리면 그 분이 너무나도 가엽고 불쌍히 여겨집니다. 잃어버린 양의 비유를 보면 목자도 안타까워하지만 잃어버린 바 된 양은 정말 불쌍합니다. 그 잃어버린 바 된 양은 정말 목자를 애타게 기다립니다. 저는 어릴 때 대략 5~6살 때의 기억을 합니다. 경상도 창원군 수산면에서 부모님을 잃어버렸습니다. 그런데 고등학교 누나들이 혹시 모산면에 사는 누구의 조카인 것 같다며 저를 업어서 집으로 데려다 주었습니다. 제가 만약에 길을 잃고 고아원에 넘겨졌으면 제 인생은 어떻게 되었겠습니까?

우리는 세상을 영적으로 보아야 할 필요가 있습니다. 사람을 부자와 가난한 자로 보아서는 안 됩니다. 배운 자와 못 배운 자로 보아서는 안 됩니다. 그리스도가 있는 자와 없는 자로 보아야 합니다. 아들이 있는 자와 없는 자로 보아야 합니다. "아들이 있는 자에게는 생명이 있고 하나님의 아들이 없는 자에게는 생명이 없느니라"(요일 5:12).

요나의 변명이 우리의 변명입니다. "너는 일어나 저 큰 성읍 니느웨로 가서 그것을 향하여 외치라 그 악독이 내 앞에 상달되었음이니라 하시니라 그러나 요나가 여호와의 얼굴을 피하려고 일어나 다시스로 도망하려 하여 욥바로 내려갔더니 마침 다시스로 가는 배를 만난지라 여호와의 얼굴을 피하여 그들과 함께 다시스로 가려고 뱃삯을 주고 배에 올랐더라"(욘 1:2-3).

요나가 가지 않은 이유는 두 가지입니다. 첫 번째 이유는 니느웨는 일본처럼 아주 악한 민족이었고 역사에 의하면 그들은 전쟁에서 이기면 모든 사람들의 코와 귀를 다 베어버리는 잔인한 민족이었다고 합니다. 그들을 위해서 일한다는 것 자체가 기분 나빴고 망하도록 놔두어야 한다는 것입니다.

두 번째 이유는 그들이 내 말을 듣겠느냐는 것입니다. 니느웨 백성들은 정말 소망이 없는 사람들입니다. 그들은 하나님의 심판을 기다리고 있는 사람들입니다. 전혀 요나를 기다리거나 메시지를 받거나 회개할 사람이 없다고 생각한 것입니다.

요나의 변명입니다. 어쩌면 요나가 다시스로 가는 배를 타려고 하는 모습이 우리의 모습이기도 합니다. 전도 사명을 피하는 우리의 변명과 같습니다. 우리는 "누가 전도를 필요로 하느냐? 아무도 관심 없다"라고 생각합니다. "세상 사람들은 전부 오직 먹는 것 입는 것 돈에만 관심 있고 영적인 구원에 대하여서는 관심이 없다. 우리를 필요로 하지 않는다"라고 생각하기가 쉽습니다.

그러나 세상은 전도자를 기다립니다. "요나가 그 성읍에 들어가서 하루 동안 다니며 외쳐 이르되 사십 일이 지나면 니느웨가 무너지리라 하였더니 니느웨 사람들이 하나님을 믿고 금식을 선포하고 높고 낮은 자를 막론하고 굵은 베 옷을 입은지라 그 일이 니느웨 왕에게 들리매 왕이 보좌에서 일어나 왕복을 벗고 굵은 베 옷을 입고 재위에 앉으니라"(욘 3:4-6).

결론은 요나가 전도하였을 때 하나님을 믿고 금식을 선포하고 왕부터 모든 백성들에 이르기까지 모두 회개를 하였습니다. 우리는 모든 사람들을 볼 때 영의 탄식을 들어야 합니다. 본 회퍼는 히틀러의 독재정권을 붕괴시키기 위해 히틀러 암살운동에 참여하였던 목사입니다.

어느 미친 운전사가 차를 운전하고 있습니다. 수많은 사람들이 차에 죽어가고 있습니다. 치료만 해주겠습니까? 미친 운전사를 끌어내리는 것이 기독교인의 자세라고 생각한 사람입니다. 어느 날, 그가 한 가지 환상을 경험하였는데 히틀러가 하나님 앞에 서 있는 모습이었습니다.

"너 히틀러는 그동안 수많은 사람들을 괴롭히며 무고한 피를 너무도 많이 흘리게 했으니 지옥으로 가서 영원히 고통을 받아야 할 것이다." "하나님 저는 죽은 다음에 이런 세계가 있는 줄을 알지 못하였습니다. 만일 알았더라면 그러한 죄를 범하지 않았습니다. 누구하나 이 사실을 저에게 알려주지 않았고 또 전해주는 사람도 없었습니다." 이 환상을 본 회퍼는 바로 회개하였습니다. 주님 저는 그 영혼을 저주하며 끌어내리려 하였지 전도하려고는 생각하지 못하였습니다. 우리는 이 세상이 영적으로 탄식하고 있다는 것을 알아야 합니다. 우리 또한 전도를 멈출 수 없는 것은 그들의 영혼들이 오직 전도를 바라고 있으며 그 영혼을 구원해 낼 전도인을 기다리고 있다는 사실을 알기 때문입니다. 여러분 주변에 여러분을 가다리고 있는 영혼이 있다는 것을 믿으면 전도에 힘이 난다고 믿습니다. 이 세상 사람들은, 겉으로 표현하지 않을지 모르지만 실제로는 전도자가 일어나 복음을 선포하기를 기대합니다. 우리도 우리 주변에 정말 사랑하고 싶은 사람들도 있지만 사실상 부담스러운 사람들 나아가서 불쾌한 사람들이 더 많습니다. 마음속으로 '그러니깐 당신이 신앙생활을 못하지! 전도가 안 되는 것이 당연한 것이야!' 하고 포기합니다. 그러나 우리가 포기하지 말기를 바라는 그들의 영의 갈급함을 볼 수 있어야 합니다.

사도 바울은 아시아에서 복음을 전하려고 하였는데 마게도냐의 영혼들에게 가라는 환상을 보게 됩니다.

"성령이 아시아에서 말씀을 전하지 못하게 하시거늘 브루기아와 갈라디아 땅으로 다녀가 무시아 앞에 이르러 비두니아로 가고자 애쓰되 예수의 영이 허락지 아니하시는지라 무시아를 지나 드로아로 내려갔는데 밤에 환상이 바울에게 보이니 마게도냐 사람 하나가 서서 그에게 청하여 가로되 마게도냐로 건너와서 우리를 도우라 하거늘 바울이 그 환상을 본 후에 우리가 곧 마게도냐로 떠나기를 힘쓰니 이는 하나님이 저 사람들에게 복음을 전하라고 우리를 부르신 줄로 인정함이러라"(행 16:6-10)

마게도냐에는 구원받기를 소망하는 많은 영혼들이 예비되어 있었습니다. 저는 전도자를 기다리는 영혼이 있다는 것을 많이 체험하였습니다. 우리가 다 구원받은 것은 전도자를 만나고 복음을 영접하였기 때문입니다. 세상에는 하나님의 백성들이 많습니다.

"여호와께서 이르시되 네가 수고도 아니하였고 재배도 아니하였고 하룻밤에 났다가 하룻밤에 말라 버린 이 박넝쿨을 아꼈거든 하물며 이 큰 성읍 니느웨에는 좌우를 분변하지 못하는 자가 십이만여 명이요 가축도 많이 있나니 내가 어찌 아끼지 아니하겠느냐 하시니라"(욘 4:10-11)

요나는 이스라엘 백성만 하나님의 백성이라고 생각했습니다. 그들의 문화를 볼 때 그들의 관점으로 볼 때 니느웨는 하나님의 백성이 아니라고 여겼지만 하나님은 니느웨 백성에게 기회를 주신 것입니다. 이 세상에 아직도 미래에 하나님의 백성이 될 사람이 많습니다. 하나님이 아끼시는 예비하신 영혼들이 많이 있습니다.

우리 하나엘 교회도 10년 전에는 하나님의 백성이 되지 않았던 사람들 많았습니다. 김영길 집사님 그가 불신자일 때 제가 몇 번 시도했습니다. 그런데 그 때마다 강하게 반대하였습니다. 저도 아 이분은 아니구나 생각을 했습니다. 교회에 대하여 아주 나쁜 이미지를 가지고 있었고 전도가 어려운 분이었습니다. 그런데 지금 집사가 되어서 우리 교회에서 신앙생활하고 있습니다.

여러분 어제 간증을 한 박영은·유동열부부 그들은 정말 하나님의 백성이 아닌 사람인 것 같았습니다. 문윤수 집사님도 이전에 불신자일 때 누가 본인에게 전도지를 전해주면 싸울 준비를 하신 분이라고 하였습니다. 그러나 누가 그에게 "예수 믿고 팔자를 고치라"고 하는 말이 이상하게 감동이 되어서 전도되었다고 합니다. 금요철야 집회 때 5분의 성도님들의 구원간증을 들으면서 저들은 10년 전에만 하더라도 다 하나님의 백성이 아니었습니다. 만약 복음 전도지를 전해줄 때 그 자리에서 찢어버리는 모습을 보면 우리가 속으로 '저분은 아니다'라는 생각이 들지 않겠습니까? 그런데 나중에 보면 그들 가운데에도 하나님의 백성이 있었다는 사실을 알게 됩니다.

하나님은 왜 우리에게 전도를 하라고 명령하십니까?
전도하라고 한 이유는 하나님의 백성이 있기 때문입니다.

기도하라고 하신 이유는 응답이 있기 때문입니다.
감사하라고 한 이유는 감사의 내용이 있기 때문입니다.
믿으라고 한 이유는 천국이 있기 때문입니다.

'복음'을 그리스어로 '유앙겔리온'이라고 합니다. 이 말은 전쟁을 끝내고 '승전보'를 알릴 때 사용되는 말입니다. 이사야 52:7에 이렇게 고백합니다.

"좋은 소식을 가져오며 평화를 공포하며 복된 좋은 소식을 가져오며 구원을 공포하며 시온을 향하여 이르기를 네 하나님이 통치하신다 하는 자의 산을 넘는 발이 어찌 그리 아름다운가"

산을 넘는 발이 어찌 그리 아름다운가! 전도하는 발은 이렇게 아름답습니다. 여러분, 우리 교회 전도 카운트다운은 이제 시작되었습니다. 한 주 안에 우리가 한번 애를 써 봅시다. 다음 주일날 부탁드립니다. 전부 우리 교인들은 그들에게 웃어주세요. 그리고 주차도 양보해주세요 다음 주는 무조건 VIP 우선입니다. 다음 주일은 교회 주차장은 전부 VIP들만 주차합니다. 다음 주가 천국잔치가 되기를 기대합니다. 아멘.

| 새생명축제 전도 설교④(2014/10/19 설교요약)

이 가을에 인생이 무엇인지 한번 생각해 봅시다

시편 39:4-7

"여호와여 나의 종말과 연한이 언제까지인지 알게 하사 내가 나의 연약함을 알게 하소서 주께서 나의 날을 한 뼘 길이만큼 되게 하시매 나의 일생이 주 앞에는 없는 것 같사오니 사람은 그가 든든히 서 있는 때에도 진실로 모두가 허사뿐이니이다(셀라) 진실로 각 사람은 그림자 같이 다니고 헛된 일로 소란하며 재물을 쌓으나 누가 거둘는지 알지 못하나이다 주여 이제 내가 무엇을 바라리요 나의 소망은 주께 있나이다"(시 39:4-7)

오늘 우리 교회에 나오신 새 가족들을 환영합니다.

올 한해 우리나라의 큰 사고들이 많았습니다. 충격적인 사건·사고들이 많았습니다. 2014년 4월 16일 승객 300여 명, 그것도 인생을 채 피우지도 못한 고등학교 학생들이 사망한 세월호 사건은 우리 모두가 다시 기억하고 싶지 않을 정도로 너무나 안타까운 사건입니다.

제주지검장 사건은 2014년 8월 13일 제주도에서 지검장이라는 분이 공공장소에서 음란행위를 하다 경찰에 현행범으로 체포되는 사건이 있었습니다.

9월 13일 〈그것이 알고 싶다〉에서 '홍천강 괴담의 비밀'이라는 주제로 방영을 하였는데 재혼한 부인을 죽이고 보험금을 타려고 아내를 죽인 사건입니다. 몇 개월 전에도 고의로 조수석에 타고 있던 아내 쪽으로 전봇대를 들이받아 아내에게 중상을 입힌 적이 있다고 합니다.

사람이 점점 악해지고 범죄가 날로 악해져가고 있습니다. 이런 사건들을 보면서 현시대를 돌아볼 필요가 있습니다. '이런 사건과 우리는 아무상관이 없는 것인가?' 우리도 모두 연관성을 가지고 있습니다.

가을은 사색의 계절이 아닙니까? 오늘 한번 인생에 대해서 돌아볼 필요가 있습니다. 세월호 사건을 통하여 우리가 살면서 정작 가장 중요한 것은 생명이구나 하는 것과 우리 인간이 강한 것 같지만 약하다는 것을 알 수 있습니다. 특히 죽음 앞에서는 무한대로 약해지는 것이 인생입니다. 대한민국의 모든 실력을 다 동원해도 바다에 전복된 배 하나를 어떻게 할 수 없구나! 어제도 쇼를 구경하기 위하여 환풍기 위에서 구경하다가 수십 명이 죽었습니다. 그러한 것을 보면 인간의 연약함이 깨달아집니다. 또 권력과 재산을 갖추어도 인간은 여전히 부족하구나? 대한민국의 검사 그것도 1100명중에 50등 안에 드는 검사장 그가 뭐가 부족해서 그런 창피를 당합니까?

'우리도 한번 잘살아보세' 새마을 운동을 통하여 잘살아보세 목표를 가지고 열심히 노력하다가 이제 잘살게 되었습니다. 그러나 아무리 잘살아도 점점 악해지는 인간의 죄를 어떻게 해결할 수 없습니다. 인간의 죄성은 법으로, 훈련으로, 과학으로, 경제로, 그 어떤 것으로도 해결할 수 없는 문제입니다.

오늘 우리가 읽은 성경은 다윗의 고백인데 이런 부분에 우리에게 해답을 주고 있습니다. 다윗이라는 사람이 자기의 인생을 심각하게 돌아보고 있습니다. 아마 교회에 처음 나오신 분도 다윗이 누구라는 것은 대충 아시리라고 생각합니다. 다윗 왕이 자기의 인생을 돌아보면서 인생이라는 것이 참 허무한 것이라고 고백하고 있습니다. 오늘 아침에 어렵게 교회를 나오셨는데 다윗의 고백을 보면서 우리 인생이라는 것이 무엇인지 한번 같이 생각해 볼 수 있기를 바랍니다. 다윗이 왜 인생을 허무하다고 말합니까?

첫째는 인생에는 종말이 있기 때문입니다. 그리고 그 종말은 생각보다 훨씬 빨리 다가옵니다.

"여호와여 나의 종말과 연한의 어떠함을 알게 하사 나로 나의 연약함을 알게 하소서 주께서 나의 날을 손 넓이만큼 되게 하시매 나의 일생이 주의 앞에는 없는 것 같사오니 사람마다 그 든든히 선 때도 진실

로 허사뿐이니이다(셀라)"(시 39:4-5)

좀 전에 읽은 성경에서 인생이 손바닥 하나밖에 되지 않는다고 말했습니다. 내가 70을 살았느니, 80을 살았느니라고 말을 해도 돌이켜보면 그저 손바닥 하나밖에 되지 않는다는 것이 우리 인생이라고 말하고 있습니다.

여러분, 정말 그렇지 않습니까? 지나간 세월을 돌이켜 보면 언제 지나갔는지. 시인이 말하기를, "세월이 신속히 가니 우리가 날아가나이다." 정말 날아가듯이 우리 인생이 신속하게 날아 지나가 버립니다. 지난주 침신대 수요정오기도회에서 설교를 하였습니다. 제가 침신대에 입학한지가 29년되었습니다. 설교를 전하기 위하여 앉아있는데 지금도 학생 같고 입학한 지가 엊그제처럼 느껴졌습니다.

언젠가 우리가 맞이 하여할 운명은 죽음이라는 운명입니다. 죽음 앞에 우리의 인생이 연약합니다. 죽음은 인생의 풀지 못한 최대의 수수께끼입니다. 죽음을 이긴 인간은 아무도 없습니다. 존 메사츄세츄 대학의 밀턴 메이어는 『오늘의 위대한 사상』이라는 책에서 죽음에 대하여 다음과 같이 썼습니다. "죽음에 대하여 나는 아무것도 말하지 못한다. 죽음에 대하여 나는 아무 것도 생각할 수 없다. 죽음이 무엇인지 나는 모르기 때문이다" 죽음은 역사가 없습니다. 수천 년 전과 지금과 동일합니다.

역사는 흐르는 것이고 변화가 있어야 합니다. 그러나 죽음은 변화가 없습니다. 그러므로 역사가 없습니다. 과거나 현재나 미래나 사람들은 동일하게 죽음으로 자기의 생명을 마감합니다. 어떤 사람도 자기를 찾아온 죽음 앞에 무력합니다.

모세는 죽음에 대하여 시편에 기록하기를 "주께서 그들을 홍수처럼 쓸어가시나이다 그들은 잠깐 자는 것 같으며 아침에 돋는 풀 같으니이다"(시 90:5)고 했습니다.

인간이 고안해 낸 것 중에서 가장 잘못 된 것이 시계를 원형으로 만든 것이라고 합니다. 원형으로 만들어 놓으니깐 사람들이 자꾸 착각을 합니다. '오늘 10시까지 못하면 내일 10시까지 하면 되고, 내일 10시까지 못하면 시침은 돌고 돌아서 오니깐 모레 10시까지 하면 되지'라고 착각을 합니다. 한 번 지나간 날은 다시는 오지 않는다는 것을 생각지 못합니다. 진짜 좋은 시계는 모래시계입니다. 그 모래시계를 물끄러미 바라보고 있노라면 인생이 무엇인지 적나라하게 가르쳐 줍니다. 모래가 자꾸 사라지는 것 같이 나의 날들로 자꾸 지나가고 있습니다. 한 번 지나간 날들은 다시는 오지 않습니다.

그래서 우리는 이런 기도를 해야 합니다. 죽음을 잘 준비하게 하소서 죽음이 필연적인 사실이고 그 미지의 세계를 잘 알지 못한다면 그 죽음에 대하여 잘 준비하고 살아야 하지 않겠습니까? 공수부대원들은 아무리 용감하고 아무리 훈련이 잘되어도 비행기에서 낙하할 때 낙하산이 준비되지 않은 상태에서는 절대로 안 뛰어내립니다. 비행기 문을 열고 나가면 중력의 법칙이 자신을 땅으로 떨어뜨리기 때문입니다. 나는 비행기 문밖에서 일어나는 사실에 대하여 잘 모르기 때문에 그냥 나가보겠다하면 큰일 납니다. 중력의 법칙이 사실이기 때문입니다. 그래서 낙하산을 준비하고 뛰어내리든지 아니면 절대로 뛰어내리면 안 됩니다. 마찬가지로 미지의 세계인 죽음의 세계에서 준비되지 않고 뛰어든다는 것은 너무나 무모한 행동입니다.

두 번째로 인생은 아무리 많이 채워도 허무합니다.

"진실로 각 사람은 그림자 같이 다니고 헛된 일로 소란하며 재물을 쌓으나 누가 거둘는지 알지 못하나이다"(6절)

무슨 말입니까? 우리 인생은 아무리 돈을 재물을 쌓아봐야 그것이 우리의 인생을 행복하게 해 주지는 못하더라는 것입니다. 아무리 이리 뛰고 저리 뛰고 해봐야 다 그림자를 잡는 것 같고, 그것이 내 인생을 보장해 주지는 못하더라는 것입니다. 그래서 솔로몬은 "헛되고 헛되니 모든 것이 헛되도다"고 고백합니다.

대한민국이 아닌 곳은 다 촌스럽다 할 정도로 우리가 잘살고 있습니다. 그리고 풍요롭습니다. 그러나 그만큼 행복하냐? 그것은 아닙니다. 더 불안하고 우울증 환자는 점점 늘어납니다.

요즘 권력을 갖추신 분들의 일상의 일탈이 보고됩니다. 우리는 이해가 안 됩니다. 저런 높으신 분들이 뭐가 아쉬워서 저런 행동을 할까? 인생은 아무리 많은 것을 갖추어도 절대로 만족이 없습니다. 물질과 권력과 쾌락은 전부 일시적인 것이요 허무한 것입니다. 우리는 다 죄를 싫어하지만 죄를 짓고 있습니다.

"주의 징벌을 나에게서 옮기소서 주의 손이 치심으로 내가 쇠망하였나이다 주께서 죄악을 책망하사 사람을 징계하실 때에 그 영화를 좀 먹음 같이 소멸하게 하시니 참으로 인생이란 헛될 뿐이니이다 (셀라)"(시 39:10-11)

왜 이렇게 세상이 악해지느냐? 성경은 자기가 다 신이 되어서 자기 마음대로 살려고 하다 보니깐 죄가 창궐한다는 것입니다. 아내를 죽여서 보험금 타려고 죽이는 사람은 사람위에 심판자가 있다는 사실을 모르기 때문입니다. 생사화복의 주관자가 있다는 사실을 알아야 합니다.

우리의 죄에 대하여서는 반드시 그 죄 값을 물으신다는 것을 모르기 때문입니다. 주께서 죄악을 견책하사 사람을 징계하실 때에 우리는 다 죄인이고 그 죄에 대한 하나님의 심판이 있다는 것을 말하고 있습니다.

오늘 우리 인생은 손바닥 넓이만큼 짧고 죽음 앞에서 연약한 존재이고 인생이 아무리 많은 것을 갖추어도 결국 허무한 것이고 타의 든 자의든 내가 지은 죄들에 대한 심판이 기다리고 있습니다.

죽음이 분명하다면 죽음을 준비해야 하고 허무하다면 허무하지 않는 참된 삶이 무엇인가? 죄의 심판이 기다리고 있다면 그 죄의 문제를 해결해야 하지 않겠습니까? 인생 모든 문제의 해결은 예수님께 있습니다.

"주여 이제 내가 무엇을 바라리요 나의 소망은 주께 있나이다"
(시 39:7)

이 인생의 본질적인 문제에 답을 주신분이 예수 그리스도입니다. "나는 부활이요 생명이니 나를 믿는 자는 죽어도 살겠고 무릇 살아서 나를 믿는 자는 영원히 죽지 아니하리라"(요 14:6).

예수님을 믿어도 육신은 죽습니다. 그러나 우리의 영은 살아서 부활하기에 영원히 죽지 않고 영원한 생명을 가지고 천국에서 삽니다.

"너희 목마른 자들아 물로 나아오라 돈 없는 자도 오라 너희는 와서 사 먹되 돈 없이 값없이 와서 포도주와 젖을 사라"(사 55:1)

"너희는 귀를 기울이고 내게 나아와 들으라 그리하면 너희의 영혼이 살리라 내가 너희를 위하여 영원한 언약을 맺으리니 곧 다윗에게 허락한 확실한 은혜니라"(사 55:3)

"예수께서 대답하여 가라사대 이 물을 마시는 자마다 다시 목마르려니와 내가 주는 물을 마시는 자는 영원히 목마르지 아니하리니 내가 주는 물은 그 속에서 영생하도록 솟아나는 샘물이 되리라"(요 4:13-14)

우리 인생이 세상의 것을 추구할 때는 목마르지만 예수님의 진리를 알고 그 진리대로 살면 헛되지 않은 참된 삶을 살수 있다고 하셨습니다. 우리의 죄는 우리의 힘으로 해결할 수 없습니다. 우리가 해결할 수 있었다면 예수님이 십자가에 못 박힐 이유가 없었습니다.

"그가 찔림은 우리의 허물을 때문이요 그가 상함은 우리의 죄악때문이라 그가 징계를 받음으로 우리는 평화를 누리고 그가 채찍에 맞음으로 우리는 나음을 받았도다"(사 53:5)

우리의 죄를 해결하시기 위하여 주님이 십자가에 못 박히신 것입니다. 인간의 죽음의 문제, 우리 인생의 허무의 문제, 우리 인생의 죄의 문제를 해결하고 진정한 삶이 무엇인지를 가르쳐주신 분이 예수그리스도입니다.

주님은 우리에게 "회개하라 천국이 가까웠느니라", "죄를 회개하고 해결된 상태에서 죽음을 준비하라"고 가르칩니다. 주님은 우리가 준비된 죽음의 길을 주시기 위하여 십자가를 지신 것입니다. 어느 광부의 아들이 쓴 시(詩)가 있습니다.

우리 아버지는 탄을 캐신다.
나는 공부를 못 하니까 나도 커서 광부가 되겠지.
그런데 아버지는 절대 광부가 되지 말라 하신다.

거지가 되었으면 되었지 광부는 절대로 되지 말라 하신다.

왜 아버지가 한사코 말린 것일까요? 광부의 생활을 알기 때문입니다. 하나님이 왜 우리에게 한사코 지옥에 가지 말라고 하실까요? 하나님은 너무나 지옥을 잘 알고 있기 때문입니다. 하나님이 돈 가지고 오라는 것 아닙니다. 지옥에는 제발 가지 말라는 것입니다. 천국과 지옥은 상징적인 장소가 아닙니다. 사람들이 죽어서 실제적으로 가는 곳입니다. 우리가 여러분들을 귀찮게 하는 이유가 여기에 있습니다. 힘써 전도해야 하는 이유도 여기에 있습니다. 세상 것을 다 잃고도 선택해야 할 것이 천국입니다. 무슨 일이 있어도 피해야 할 곳이 지옥입니다. 그 길과 방법은 예수 그리스도밖에 없습니다.

내 죄를 회개하고 예수 그리스도를 나의 구주로 믿으면 우리는 준비된 죽음을 맞이하게 되고 허무하지 않은 인생을 살게 되고 죄사함을 받게 되는 축복을 받습니다. 그리고 우리의 가정과 우리의 자손이 만대로 잘되는 축복을 받습니다. 왜 이 땅에 예수님을 보내주시고 십자가에 못박히게 하셔서 우리에게 구원의 길을 주셨습니까? 하나님은 사랑이시기 때문입니다.

하나님은 사랑이십니다. 그 사랑의 눈으로 여러분을 바라보시고 여러분들이 다 그 사랑을 알고 구원받고 하나님의 자녀가 되기를 원하십니다.

이 시간 처음 나오신 분들에게 권면합니다. 오늘 제가 전한 설교는 제 이야기가 아니라 하나님의 말씀입니다. 하나님이 말씀하신다는 것은 하나님이 오늘 여러분을 초청한 다는 것입니다. 하나님의 자녀로 구원하기를 원하시는 하나님의 초청에 응하기를 원하시는 분은 조용히 가슴에 손을 얹고 저의 기도에 마음속으로 따라해 주시기 바랍니다.

"하나님 아버지 저는 죄인입니다. 어디에서 와서, 무엇 때문에 살며, 장차 어디로 가는지 알지 못 하고, 죄 가운데 방황하며 지냈습니다. 오늘 하나님의 말씀을 듣고, 예수 그리스도께서 저의 죄를 담당하기 위해 십자가에 죽으시고, 다시 부활하셨음을 믿습니다. 이 시간 주님의 십자가를 믿음으로 죄 사함을 받고 구원을 얻고 하나님의 자녀가 되기를 원합니다. 이 시간에 마음의 문을 열고 예수님을 내 인생의 주님으로 영접하기를 원합니다. 제 속에 들어와 주셔서 제 삶을 다스려 주시고 주님이 원하시는 삶을 살게 하여 주시옵소서. 우리 주 예수 그리스도의 이름으로 기도드립니다. 아멘."

에필로그

　건강한 교회를 세우는 방법이 결코 한 가지 방법이나 대안으로 가능치 않다고 봅니다. 저는 개척 시기에 이것저것 좋다는 것은 다 해보았습니다. 그야말로 성도님들이 "목사님은 그때그때 달라요"라고 말했던 시절이었습니다. 열정은 있지만 뚜렷한 방향과 전략이 없었던 막무가내 목사였던 것입니다. 그러다가 목회 매뉴얼이 필요하다는 인식을 절감하게 되었습니다. 그리하여 성경적 교회관을 정립하고 건강한 교회 모델을 찾아 만든 것이 하나엘 교회의 주의 장막비전이라는 매뉴얼입니다.

　목회 매뉴얼대로 목회를 하다 보니 지금은 나름 건강한 교회로 성장하였습니다. 필자는 책에서 교회행정 시스템을 강조하였습니다. 목회의 본질이 크게 다루어지지 않은 감은 있지만 일선 목회자들이 제 개인

경험을 통해서 목회 현장에서 만나는 좌충우돌 시행착오를 줄이는 데 조금이나마 도움을 드릴 수 있을 거라 생각합니다.

저에게 요단출판사 대표님이 『목회 매뉴얼 있습니까』에 대한 책 출간을 처음 제안하셨을 때까지만 해도, 저는 제 능력으로 감당할 수 없어 거절했었습니다. 그러나 대표님의 끈질긴 설득 때문에 마지못해 수락하고 제대로 완성되지도 못한 원고를 편집팀에 맡겼습니다. 편집팀의 여러 수고가 있었습니다. 졸고가 책으로 출간된 것은 모두 하나님의 은혜입니다. 지면을 빌어 출간을 제안해 주신 요단출판사 대표님에게 감사드립니다. 그리고 원고가 책으로 빛을 보게 해 준 편집장님과 편집팀원에게도 감사드립니다.

『목회 매뉴얼 있습니까』가 하나엘 교회를 건강하게 성장하는데 견인차 역할을 하기는 했지만 무엇보다도 교회를 건강하게 세우는 최대 협력자는 하나엘 성도님들임이 분명합니다. 37살 젊은 나이에 개척하여 이리저리 헤매며 시행착오 초보목회를 하는 저를 끝까지 믿어주고 순종하고 함께 해주신 하나엘 성도님들에게 진심으로 감사를 드립니다. 하나엘 성도님들의 협력과 헌신이 없었다면 하나엘 주의 장막비전 목회 매뉴얼은 그냥 하나의 이론으로 끝났을 것입니다. 끝으로 단어 하나하나에도 일일이 의견을 개진해 준 나의 영원한 반려자 아내 박미정에게 사랑과 감사를 전합니다.

목회 매뉴얼 있습니까?
Do you have a Pastoral Manual?

초판 1쇄 발행 2018년 4월 30일
초판 3쇄 발행 2024년 6월 5일

지은이　　김형철
발행인　　김용성
기획　　　박찬익
제작　　　정준용

펴낸곳　　요단출판사
등록　　　1973. 8. 23. 제13-10호
주소　　　07238) 서울특별시 영등포구 국회대로 76길 10
기획　　　(02)2643-9155
영업　　　(02)2643-7290
　　　　　Fax(02)2643-1877

ⓒ 요단출판사 2018

값 15,000원
ISBN 978-89-350-1695-2　03230

이 책의 한국어판 저작권은 요단출판사가 소유하고 있습니다.
출판사의 사전 승인 없이 책의 내용이나 표지 등을 복제, 인용할 수 없습니다.